Bilder und Gedanken

Von

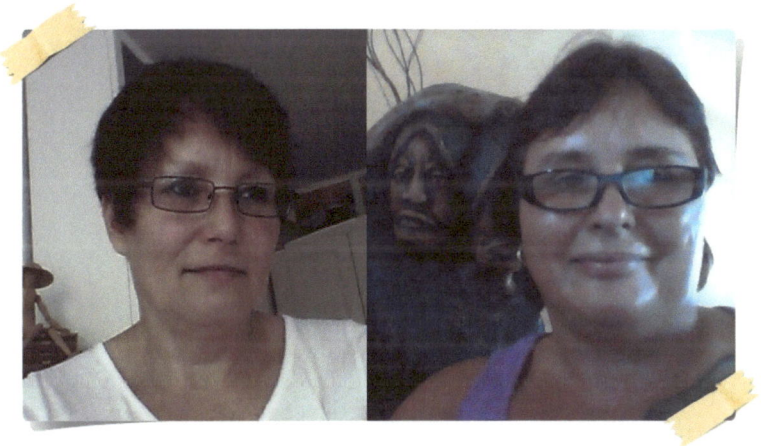

Monika Leonhardt   Ulrike M. Pfitzner

und

Impressum

Dieses Buch wurde geschrieben und gestaltet per Self Publishing

http://www.ullis-buchkiste.de

Vorwort

Eine Freundschaft, die sich zufällig ergab,
oder war es doch so Vorhergesehen?

Aus diesem „Zufall" entstand ein Bildband
verbunden mit Worten, die sich gefunden
haben.

Monika Leonhardt eine Malerin der heutigen
Zeit. Ihre Bilder lassen uns abtauchen in
andere Welten. Verbunden mit den in Worte
gefassten Gedanken von Ulrike M. Pfitzner
verschmelzen zwei Welten zu einer und
lassen uns Zeit und Raum vergessen.

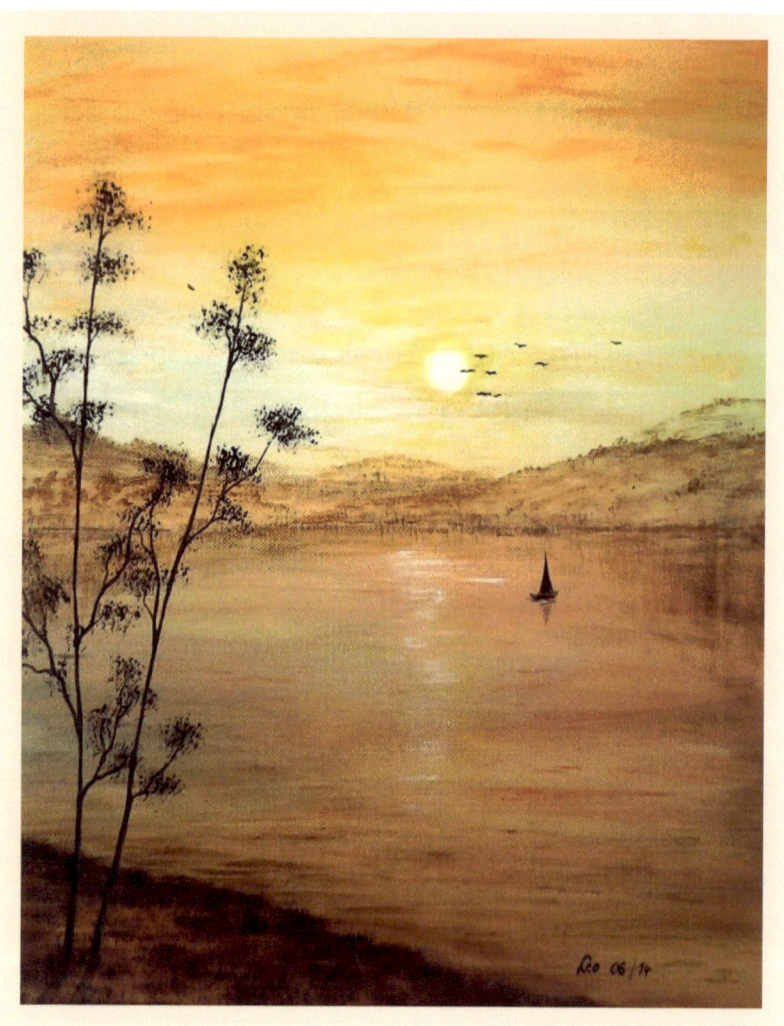

Zusammen

Am Ufer steh, ich wart auf dich.

Die Frage ist, wirst du sehen mich?

Meine Seele ruft dir zu,

Um unser Willen, komm zur Ruh.

Denn unsere Herzen werden sich finden,

Sie werden sich aneinander binden.

Zusammen werden wir stärker sein,

Mein Lieb, für immer ein Stück ist dein.

Noch heute glaubst du, bist ohne Kraft.

Doch morgen wirst sehen, haben wir es geschafft.

Zusammen wir haben uns gefunden

Zusammen verbringen wir nun die Stunden.

Zusammen wir können nun über das Wasser gehen,

Der Sonnen entgegen, du wirst es schon sehen.

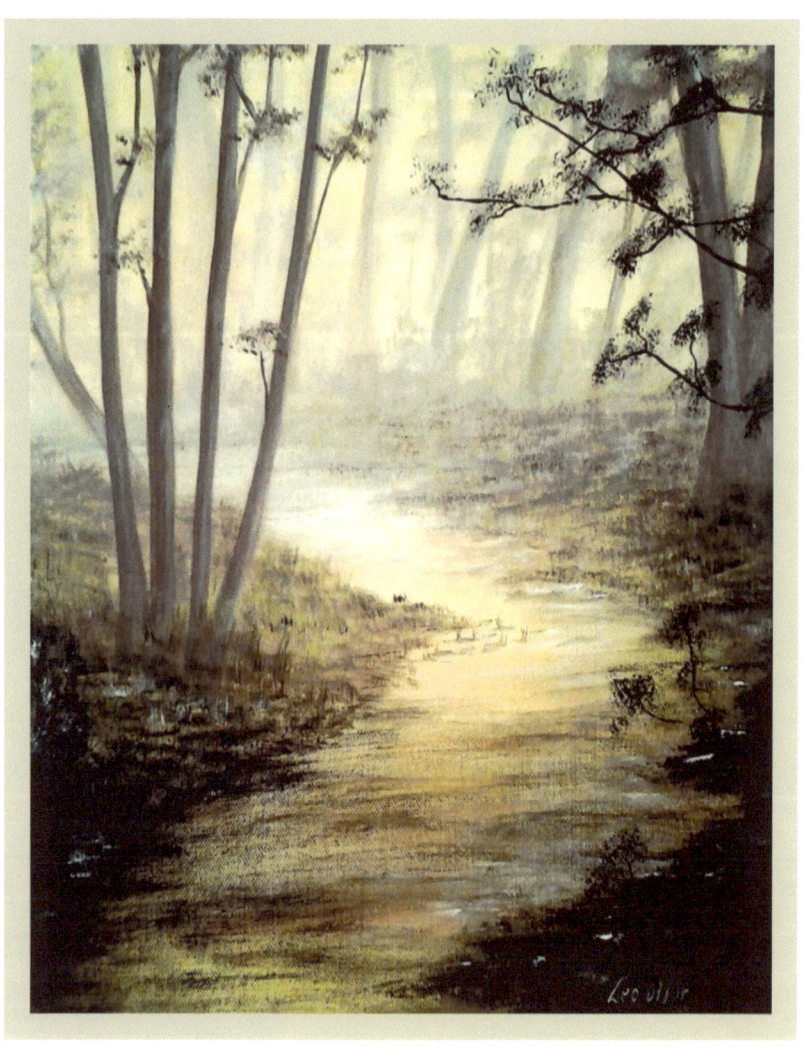

Weg

Ich bin so müde, der Weg so weit

Doch was ist passiert in der Zwischenzeit.

Die Jahre so schnell verrinnen

Ich konnte keines davon überspringen.

Jede Stunde, wie ein schwerer Stein

Sich bohrte auf meinem Wege, tief hinein.

Manch mächtiger Baum wuchs mir entgegen

Was mir an sonnigen Tagen kam sehr gelegen

Ich legte mich drunter in seinen Schatten

Und dachte an all das was wir nun schon hatten

Am Ende nun sitze ich hier

Und wünschte ich fände ein Elixier

So manche Stunde würde ich ändern

Um länger mit dir auf meinem Wege zu schlendern.

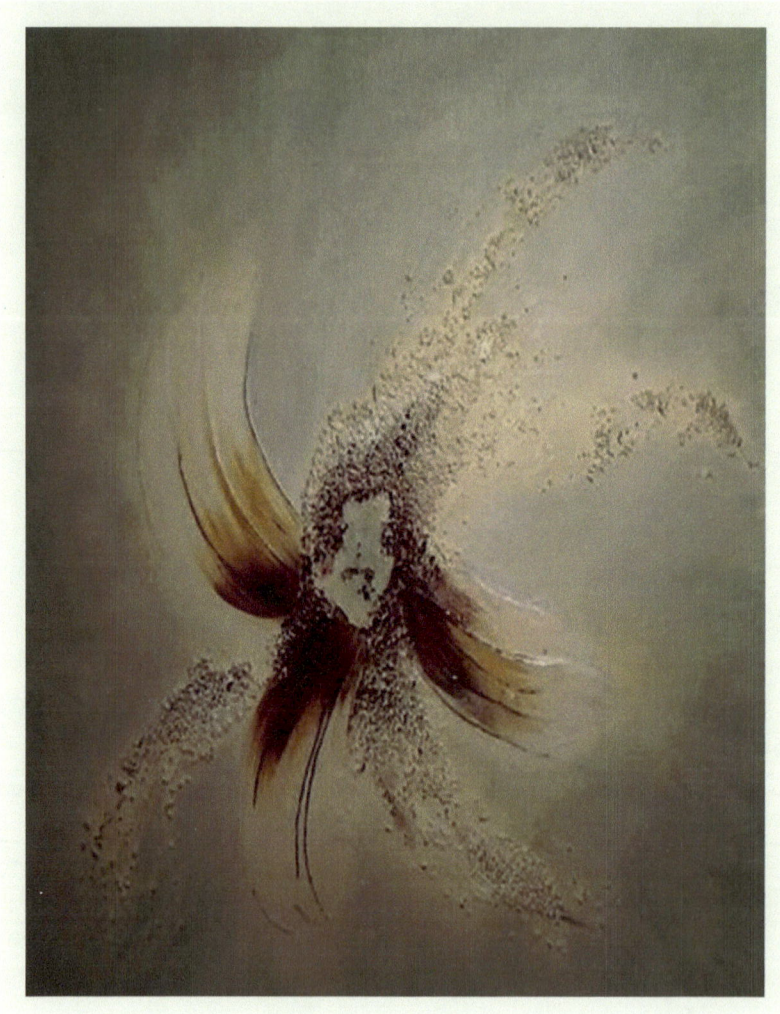

Liebstern

Ich liege hier in Gedanken versunken

Springen sie hin und her wie betrunken.

Mein Herz will zu dir nach oben

Du mein Liebstern so ganz weit droben.

Mein Wunsch bei dir sein

Dich halten in den Armen mein

Komm lass mich doch zu dir

Mei Liebstern komm zu mir

Muss ich noch lang warten

In diesem so großen Irrgarten

Des Lebens ich müde

Ohne dich ist es so trübe

Drum leuchte mir mein Liebstern

Damit ich dich immer seh in der Fern

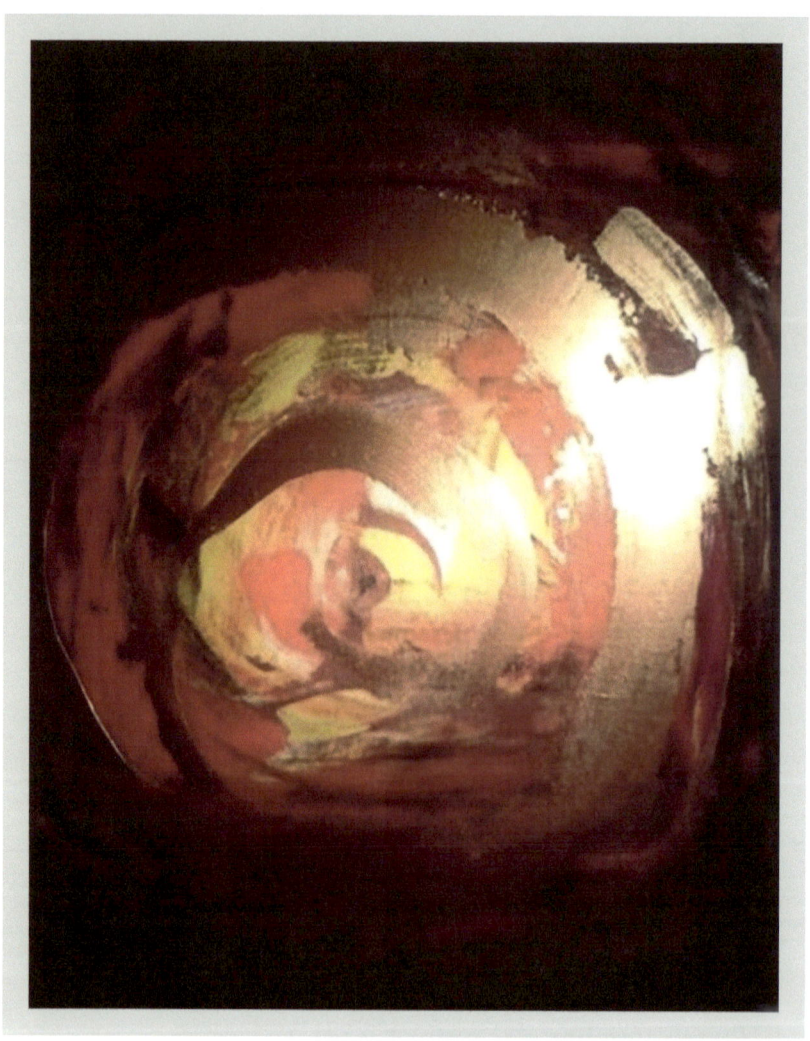

Tunnel

Ich stell mir die Fragen

Soll ich es den wagen

In einem Tunnel verschwinden

Was werd ich dort finden

Wird Freude mich beglücken

Werd Blumen ich pflücken

Am Ende des Tunnels was wird mich erwarten

Werd ich meine Erinnerungen an alles behalten

Um dies zu Erfahren werd ich es nun wagen

Vergessen werd ich ganz einfach die Fragen

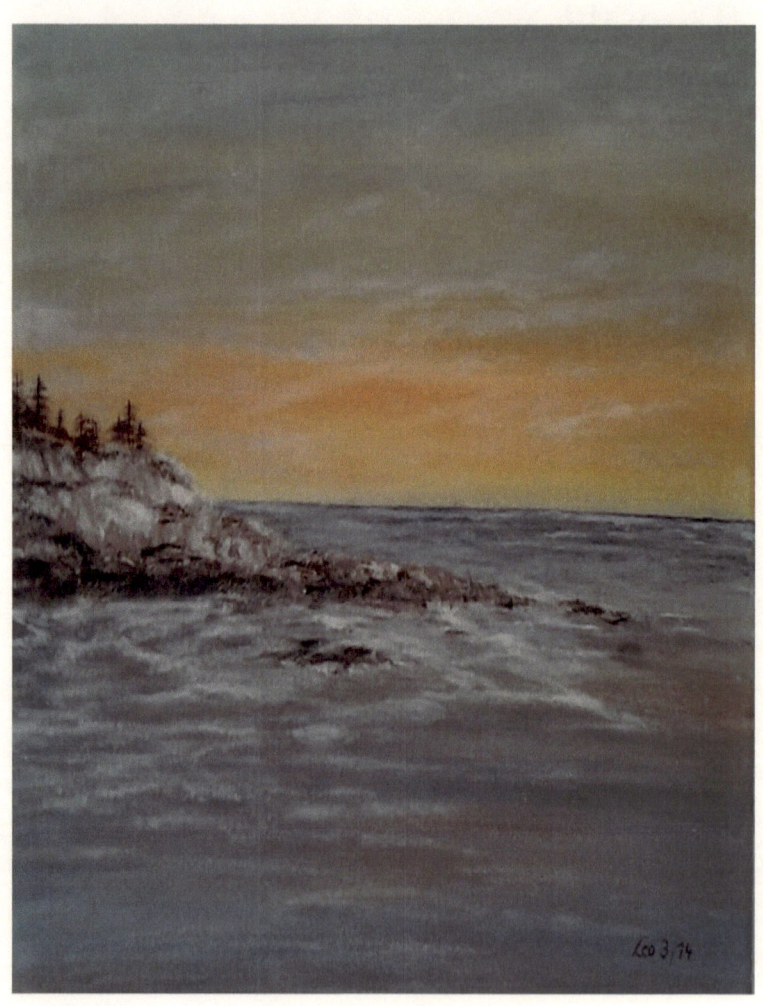

Ferne

So oft ich auch schau

Weit hinaus auf das Meer so blau

Sagtest du es braucht Zeit

Bis du bist bereit

Mir zugestehen deine Lieb

Was ich als Freundschaft umschrieb

So höre ich rein in die Wellen des Herzen

Und muss es spüren es sind keine Schmerzen

Ich fühle mich glücklich und schaue hinaus

Du wirst es mir sagen wenn du kommst nach Haus

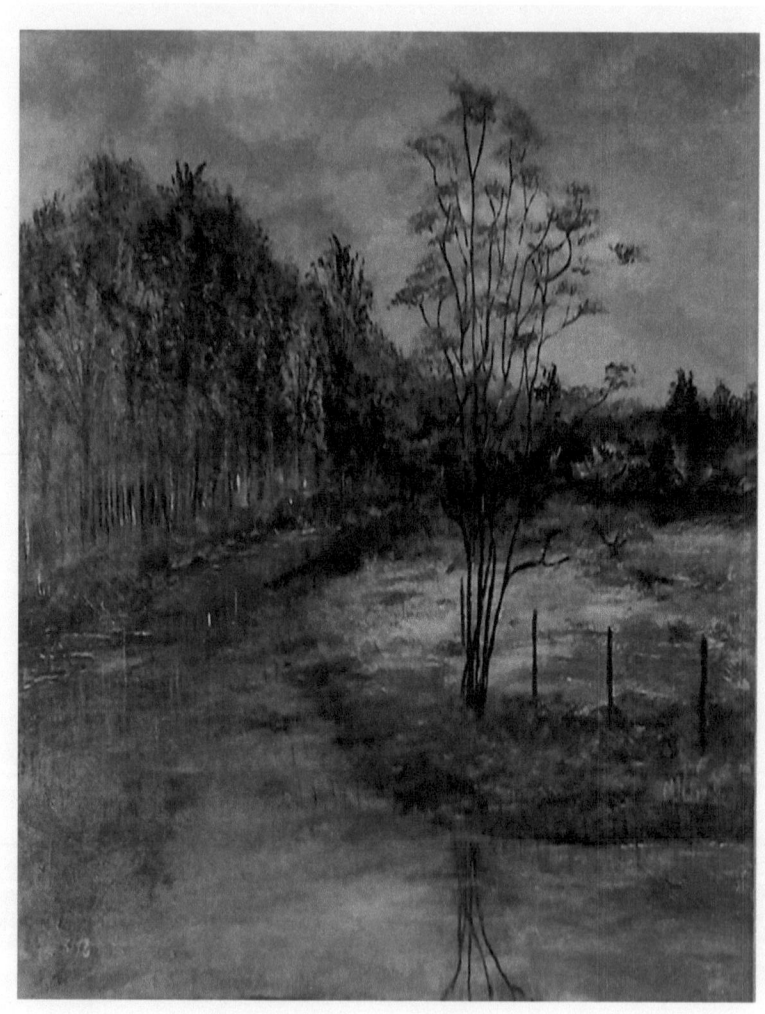

Der Weg

Wenn ich dich ruf, willst du mir folgen

Meine Gefühle dann von links nach rechts rollten

Für immer ich auf deinen Weg werd schauen

Du kannst dir sicher sein, kannst darauf bauen

Manch Blicke trafen sich verstohlen

Zwischen Liebesschwüren und Kapriolen

Wir lachten, weinten hielten inne

Teilten uns so manche Neugewinne

Der Weg niemals ein Ende nimmt

Wir für einander Ewig sind bestimmt.

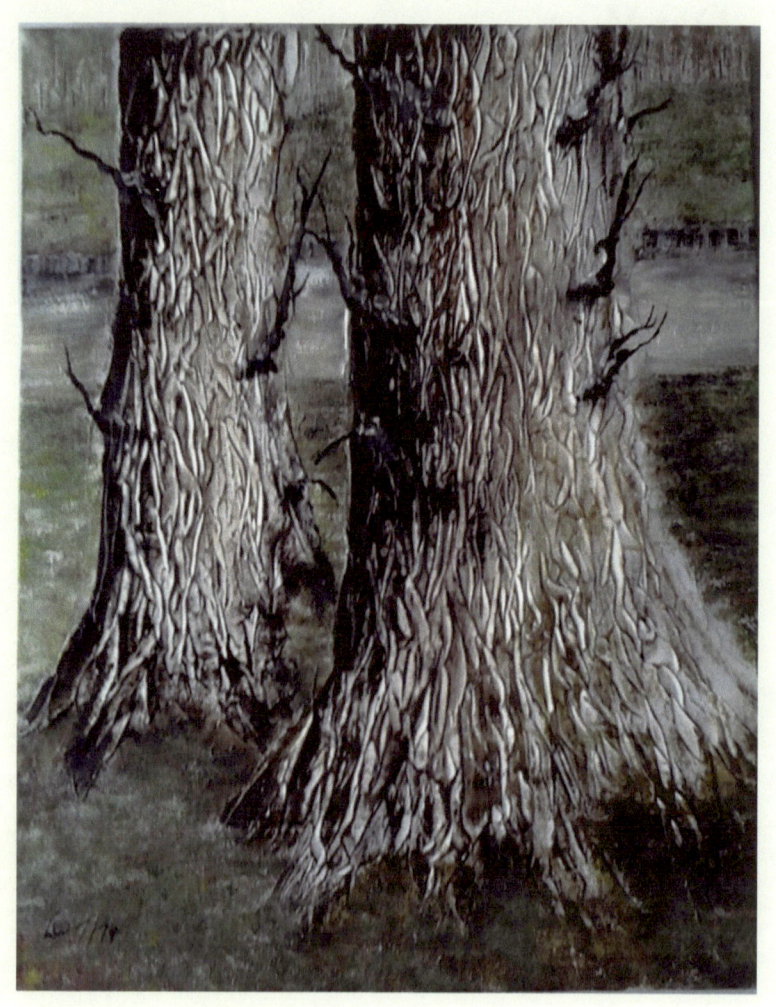

Baumgefühle

Oh Baum oh Baum

Ich glaub es kaum

So hoch so fest du stehst verwurzelt

Ein Apfel in meine Hände purzelt

Wie gern wär ich so schön wie du

So stark so hoch so voller Ruh

Schmieg mich ganz fest an deine Rinde

Welch Freude ich dabei empfinde

Oh Baum oh Baum

Ich glaub es kaum

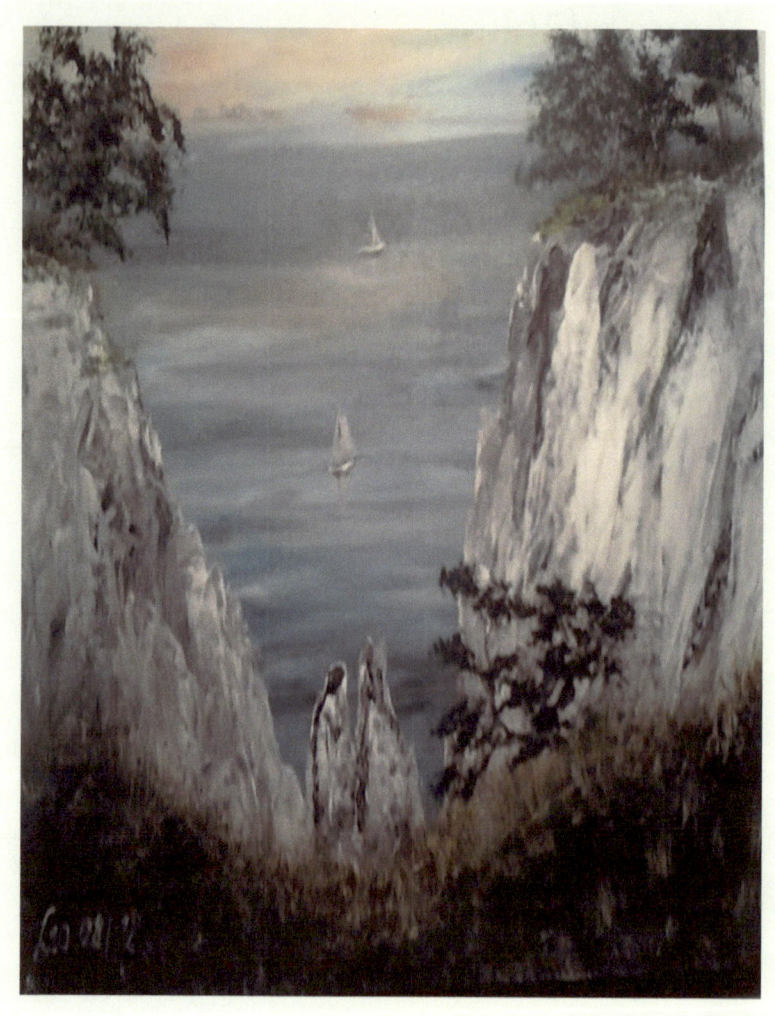

Wohin des Weges

Es teilt in zwei Hälften die Welt

In der Mitte ich steh, ich bin kein Held

Die Fragen mich quält

Mir die Entscheidung jedoch fehlt

Ein Vogel mir pfeift

Dort wo der Wind durch die Blätter schweift

Ein Bär mir doch brummt

Geh dort wo die Biene summt

So steh ich in der Mitte und schau in den Himmel

Und seh nichts außer Wolkengewimmel

Da fällt es mir ein, es ist doch Egal

Ob links oder rechts ich treffe die Wahl

Die Hauptsache ist es darf nicht geschehn

Das ich bleib hier in der Mitte stehn

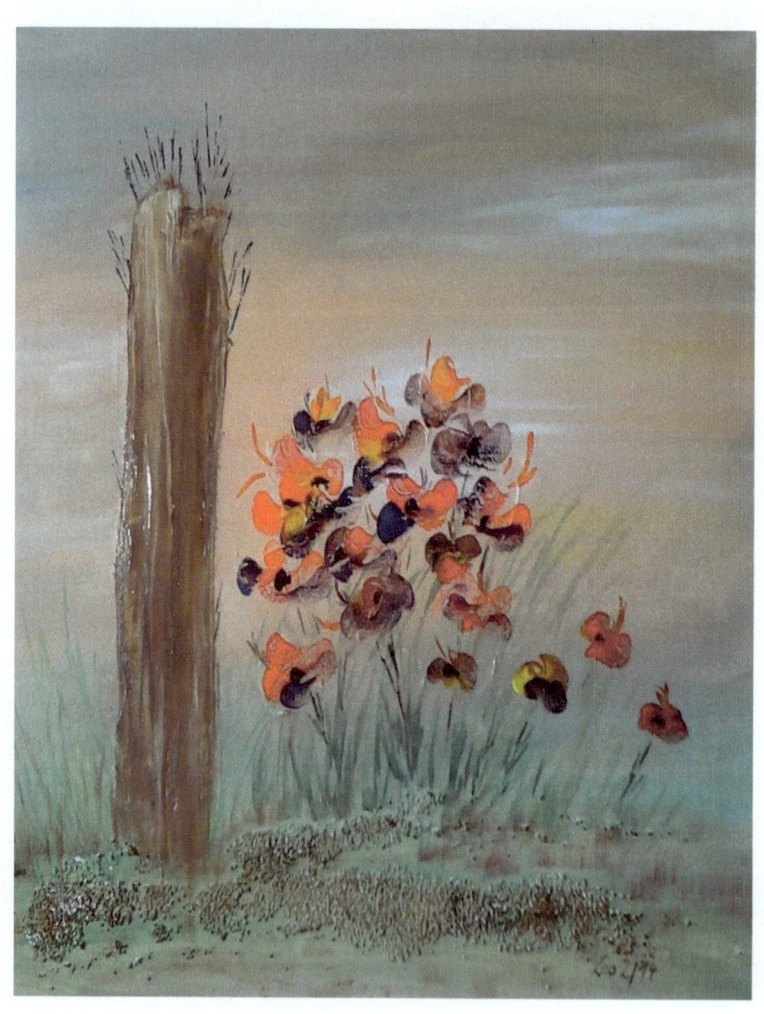

Schmetterling

Du kleiner Schmetterling so zart und fein

Tanzt voller Freude in die Welt hinein

Mit pochendem Herzen schau ich dir zu

Wie du deine Flügel schwingst so voller Ruh

Komm morgen mich besuchen, um dieselbe Zeit

Ich werde hier sitzen und bin bereit

Schau zu deinem Tanze dem Himmel entgegen

Und werde al Leid und Schmerz nun ablegen

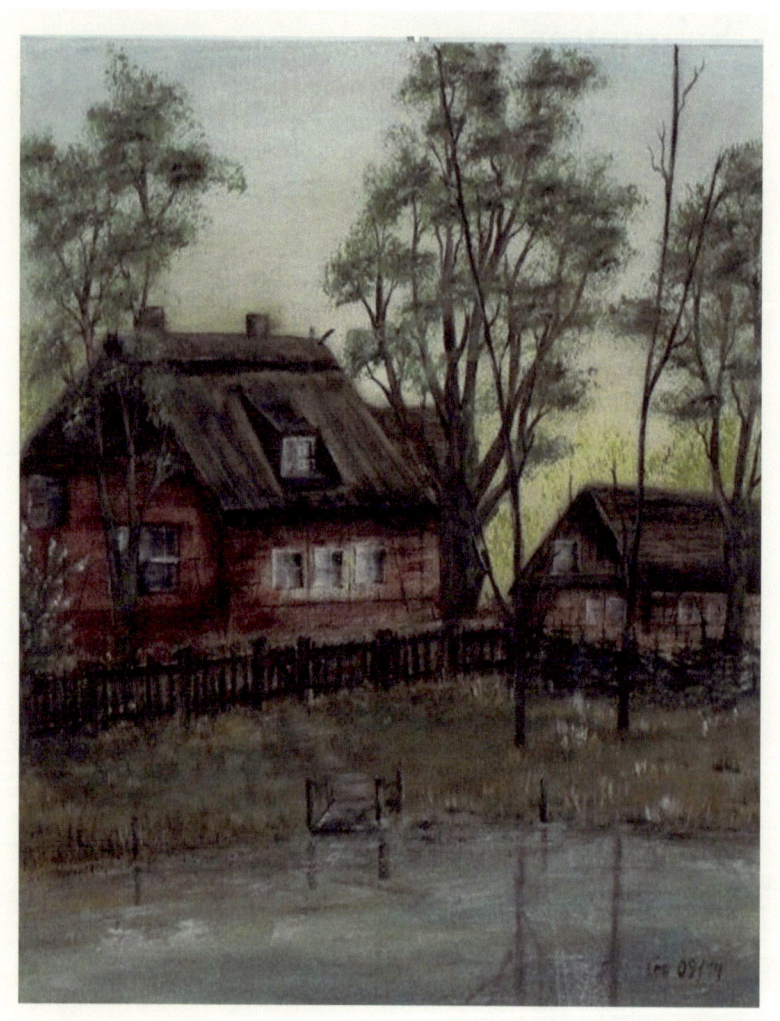

Schlaflos

Mein Heim mein Haus ach welcher Graus

Sollt ich es säubern von innen nach aus.

Doch so oft ich dran denk und mich bemüh

Es ist einfach immer noch zu früh

Der Mond noch am Himmel

Im Stall schläft der Schimmel

Die Sterne noch tanzen

Ach ja, die Blumen muss ich noch pflanzen

Gedanken mir rauben die nächtliche Ruh

Die Einsamkeit kommt auch noch dazu

So werd ich beginnen beim ersten Sonnenstrahl

Was habe ich auch schon für eine andere Wahl

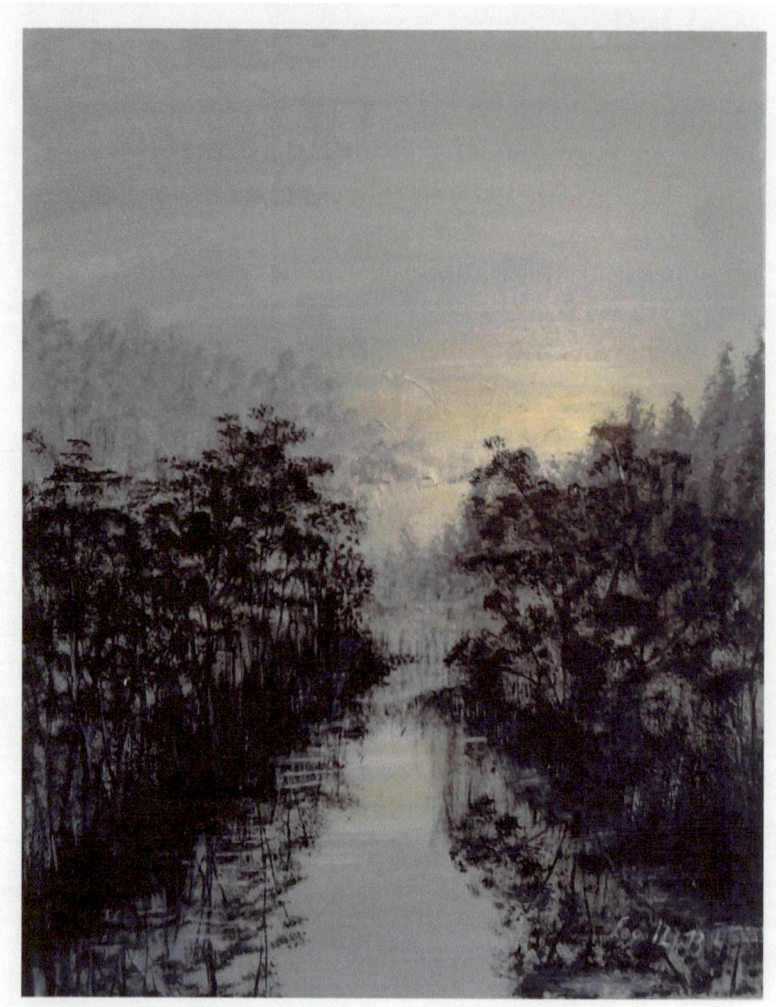

Wintereinzug

Mein Morgenstern komm lass uns tanzen

Der Winter kehrt ein und will seine Kälte pflanzen

Wir werden ihm trotzen und werden springen

Wir werden von Blumenfeldern singen

Wir werden es ihm zeigen

In seinem eisigen Schweigen

Auch taucht er in weißer Farbe die Welt

Die Sonnenstrahlen unser Herz erhellt

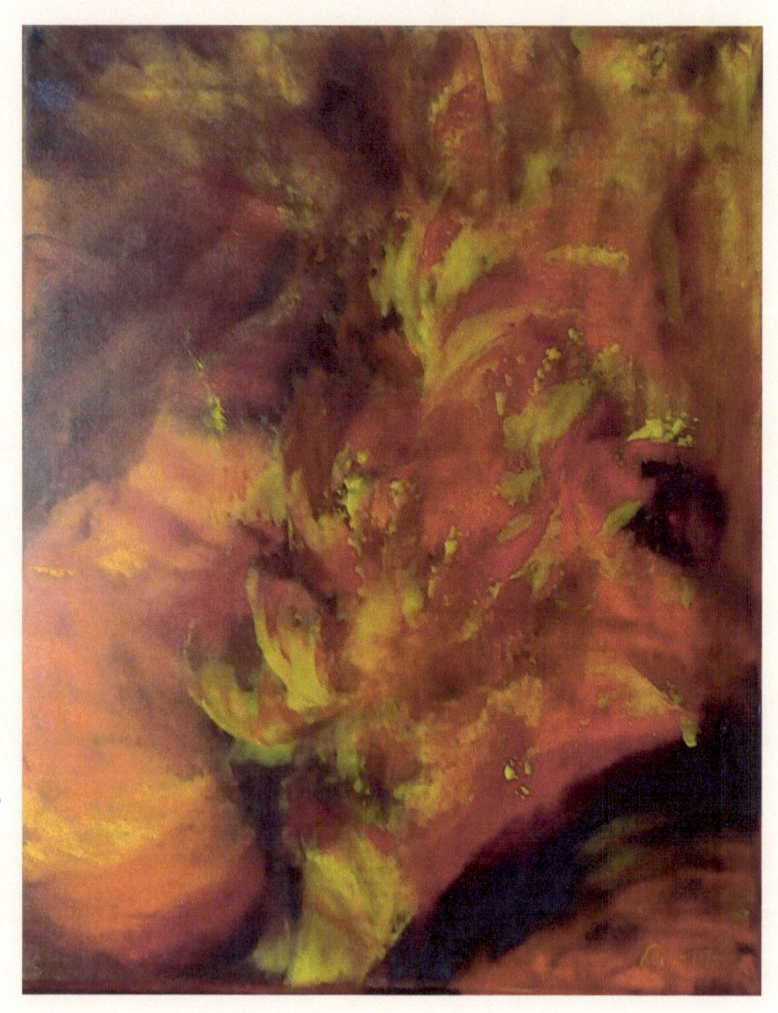

Seelenfeuer

Es brennt das Feuer in meiner Seel

Kommt meine Gedanken und gebt mir Befehl

Zu löschen mit Liebesgefühlen den Schmerz

Tief unten da brennt es immer noch im Herz

Du streichst über die Wunden

Sie sind nun verschwunden

Die Flammen sie entfachen hoch hinauf

Wir lassen unsere Gefühle nun freien Lauf

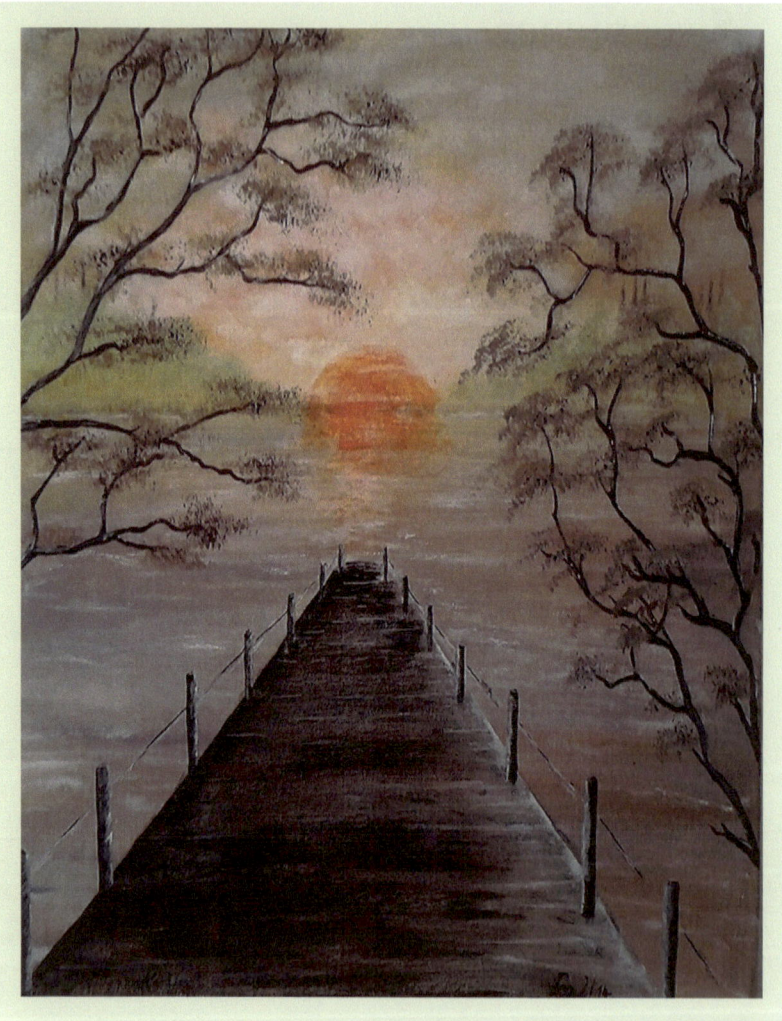

Brücke des Lebens

Eine Brücke verbindet unsere beiden Seelen

Von nun an soll es dir an nichts mehr fehlen

Leg dich nun in meine Arme zur Ruh

Auf der Brücke des Lebens sind nur ich und du

Von einem Ende zum anderen gehen

Werd ich immer bei dir sein du wirst es sehen

Wir halten zusammen, der Abgrund auch tief

Die Brücke wir gehen ob krumm oder schief

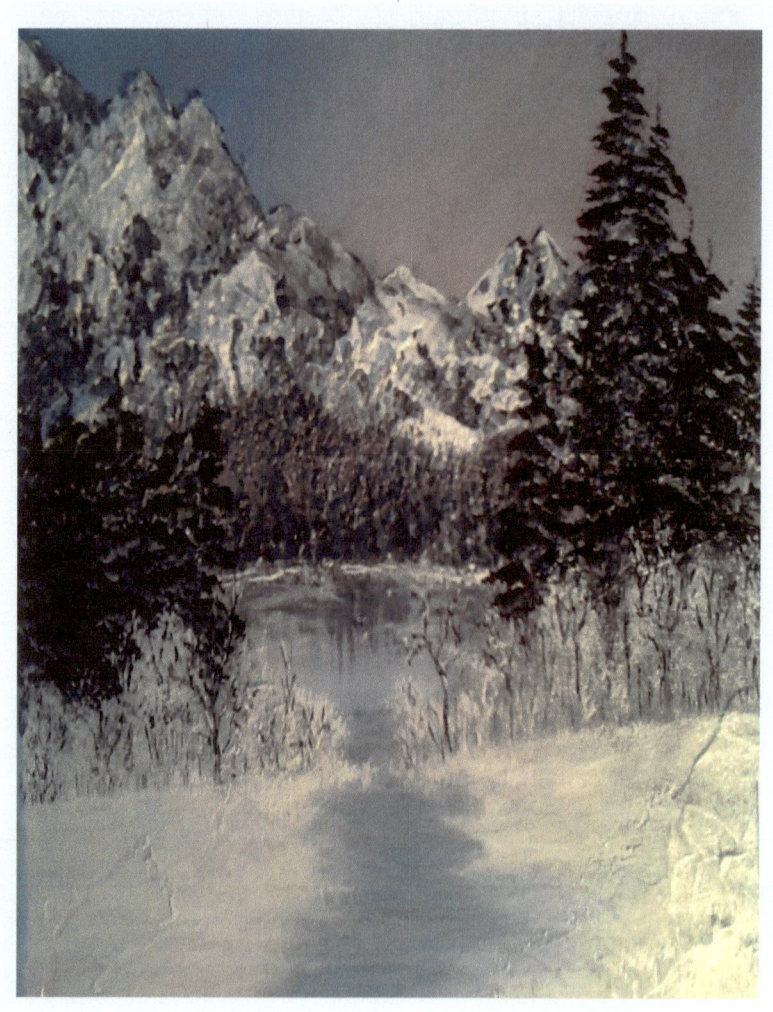

Der Berg mich ruft

Die Berge strecken sich mir entgegen

Wo ich auch wanderte auf ihren Wegen

Ich möchte sie umarmen mich schmiegen an sie

Es überwältigt mich die Harmonie

Ich höre ihre Rufe, sie klingen so zart

Rückt näher heran, die Wahrheit ihr erfahrt

Ich lauf dir entgegen, ich will es verstehen

Das Leben der Berge das Wunder zu sehen

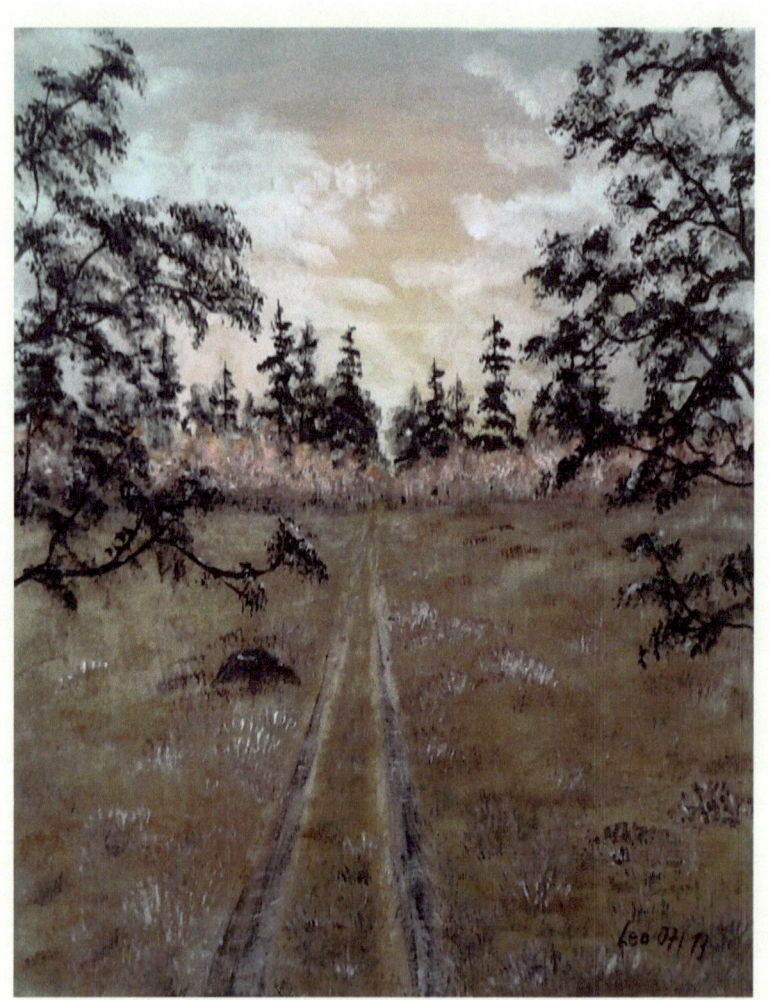

Mein Weg

Mein Weg ich gestallte wie ich es gern hätte

Mit einer lange bunten Blumenkette

Ich male, ich forme, ich gestalte ihn um

Ich biege ich drücke und mach mich auch krumm

Zum Schluss soll er so sein wie ich ihn dann will

In Freiheit und Liebe nicht wie im Exil

Ich lade euch ein kommt mit mir den Weg

Euch in die Hände ich Liebe rein leg

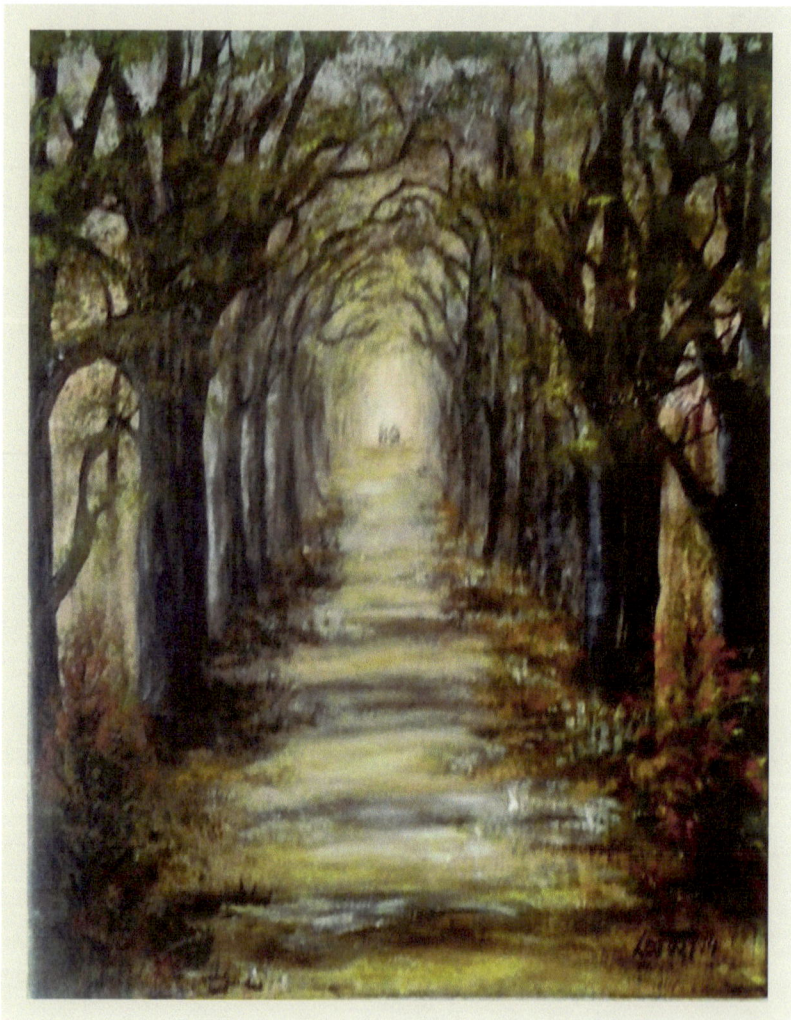

Am Ende

Am Ende dort drüben werd ich auf dich warten

Du hältst in den Händen deine eigenen Karten

Du kannst dich entscheiden es gibt keine Wand

Ich werde hier warten und reich dir die Hand

Am Ende dort drüben werde ich mich nun setzen

Lass dir nur mehr Zeit du musst nun nicht hetzen

Ich kann es erwarten nichts wird mich vertreiben

Mein Herz dich vermisst drum werd ich bleiben

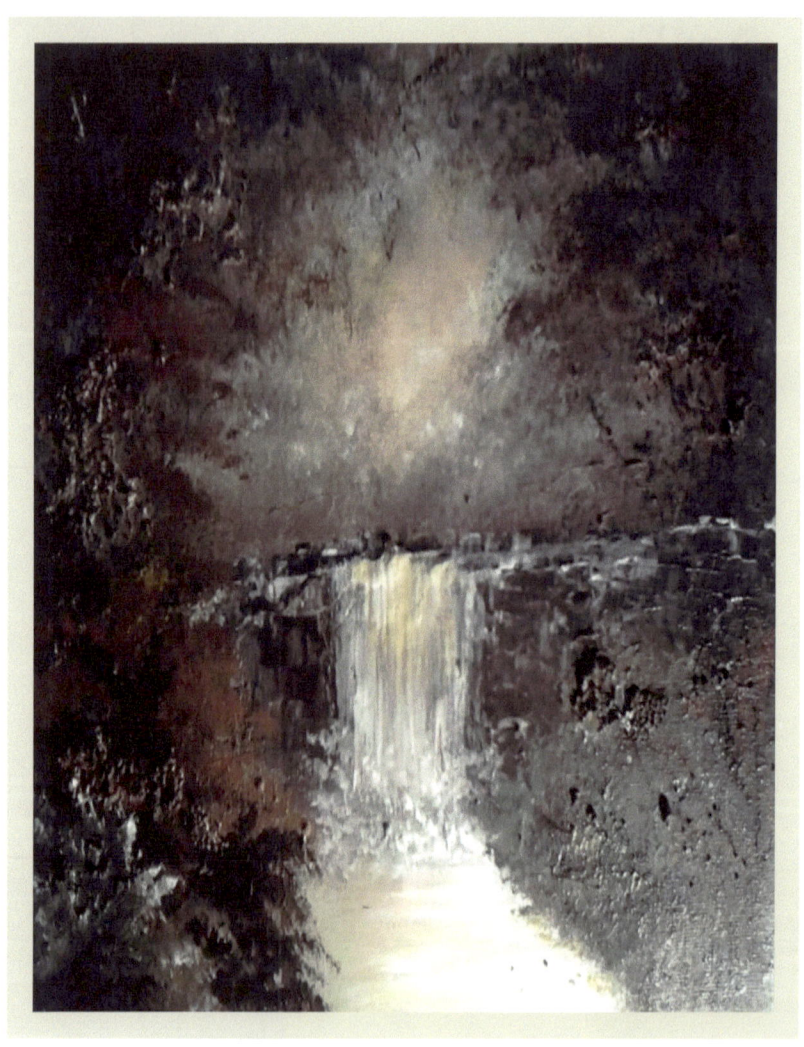

Wellen des Lebens

Ein Blatt möchte ich sein

Ganz zierlich und fein

Würd treiben mich lassen

Ich kann es kaum fassen

Auf den Wellen der Liebe

Das Gefühl für Ewig bliebe

Weit hinaus in die Welt du mich trägst

Kein Warum und Wieso du mich frägst

Nimmst mich mit auf all deinem Wege

Ich mich tiefer in dich hinein lege

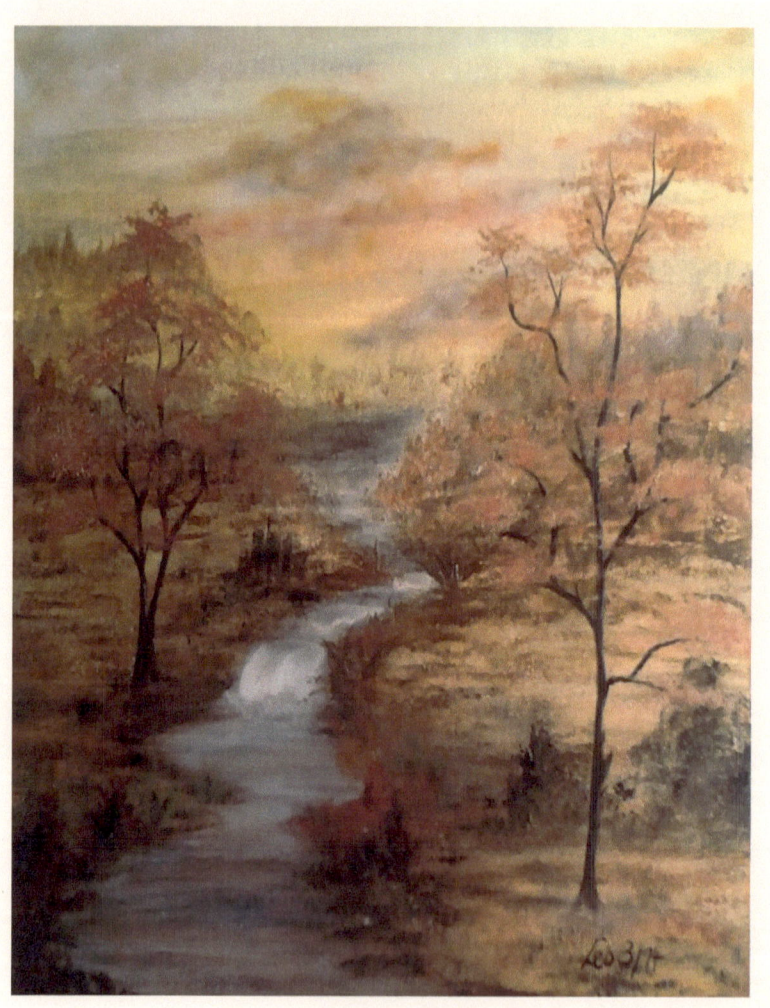

Der kleine Fisch

Am Ufer sitz ich schau dir nach

Du kleiner Fisch mit dir ich sprach

Was zappelst so voller Freud

Hab ich es doch schon lang bereut

Nicht fest zu halten in der Hand

Die Angel lies ich an der Wand

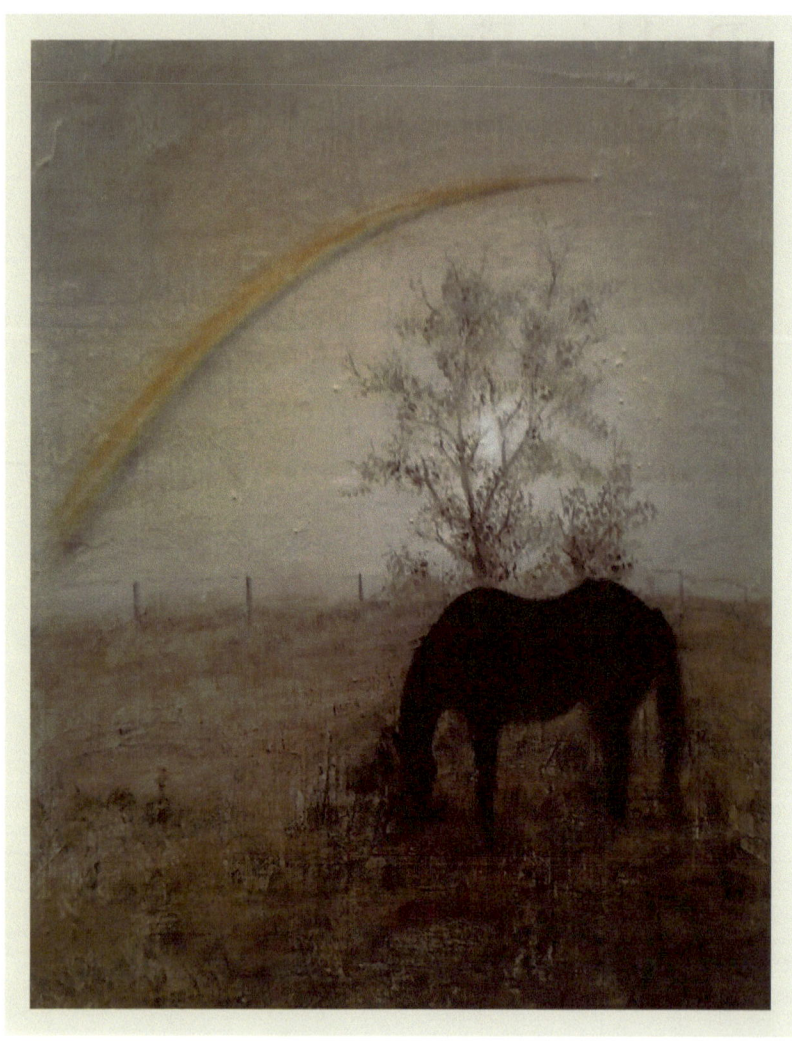

Regenbogen

Von links nach rechts er sich zieht

Ich auf den Lippen hab ein Lied

Von vielen bunten Farben es begleitet

Die Melodie des Lebens stetige schreitet

Nach einer Zeit er mir die Blässe zeigt

Mein Leben sich zum Ende neigt

Vermissen werde ich dich für immer

Wenn ich dich sehen kann nun nimmer

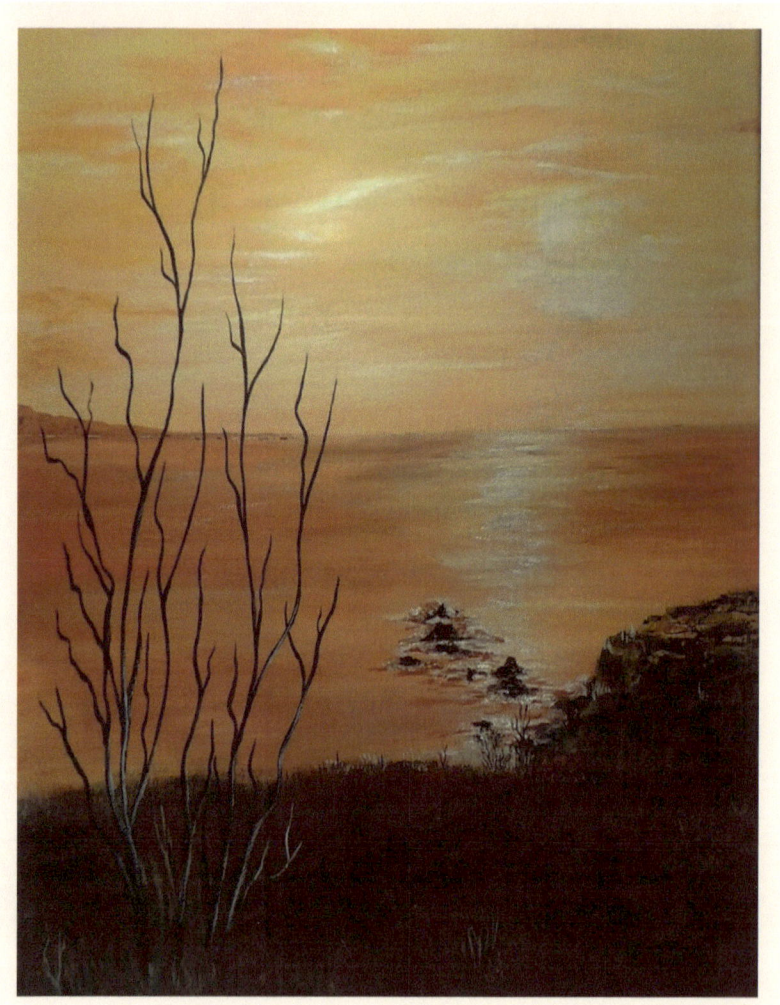

Sonnenschein

Von so weit weg die Wärme mich umgibt

Jeden Strahl von dir ich hab geliebt

Hoch oben dort am Himmelszelt

Du scheinst herab auf diese Welt

Tag aus Tag ein du wirst nie klagen

Gibst du uns Licht wirst nie verzagen

Mein Dank dir wird für immer sein

Du mein aller liebster Sonnenschein

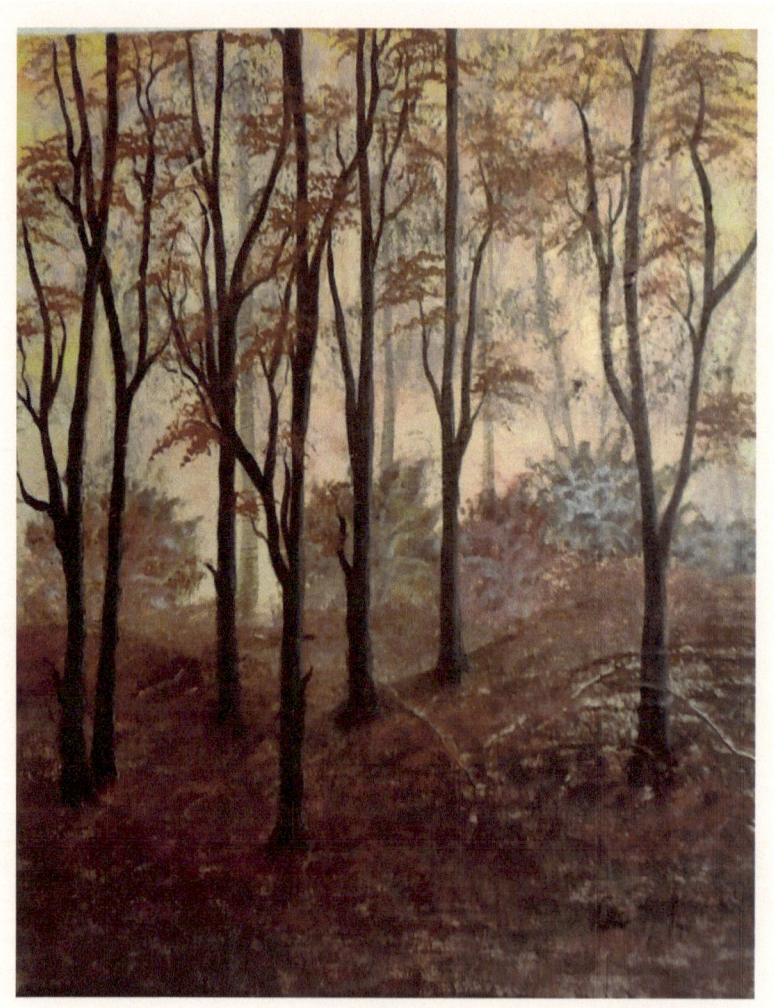

Tief im Walde

Im Walde hörte ich es knirschen

Was wird sich wohl an mich an pirschen

Ein kleines Häschen, man glaubt es kaum

Macht diesen Krach dort hinterm Baum

Ein Fuchs, ein Bär ich dachte mir

Doch es war nur dies Kleingetier

Die Angst verflog schon bald ganz schnell

Sah ich dann hinterm Busch das Fell

Doch als ich wollte mir den Hasen haschen

Fand ich den Bär beim Honig naschen

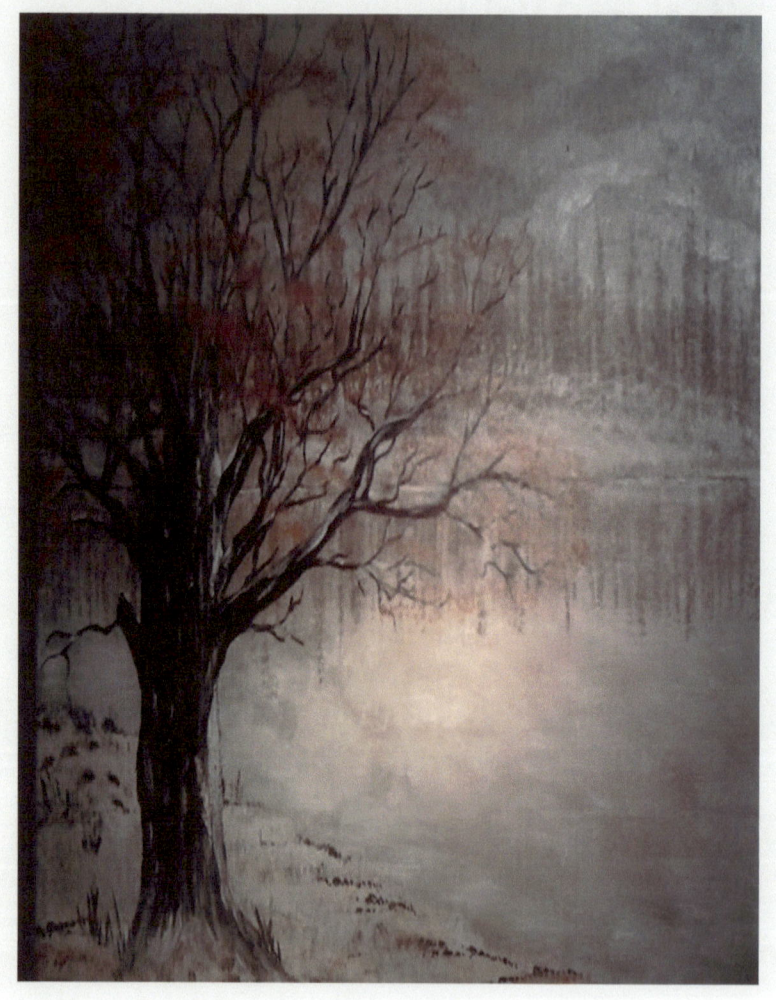

Wintergedanke

Die Sonne tief am Himmel steht

Der Wind das letzte Blatt verweht

Ich dann an meinem Fenster sitze

Vom warmen Feuer ich leicht schwitze

Der Winter scheint sehr nah zu sein

Die kalten Wolken ziehen über den Hain

Wie froh mein Lieb das ich mit dir

In unserer warmen Stub nicht frier

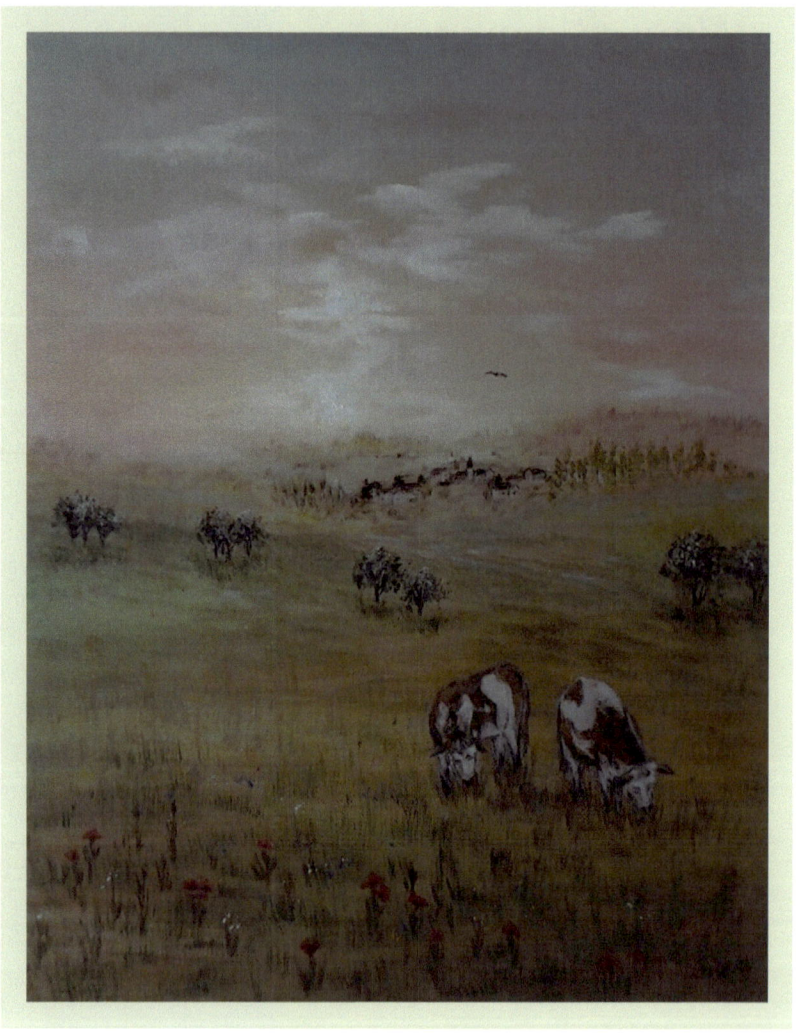

Zwei Kühe kein Gedanke

Zwei Kühe sich trafen

Sie konnten nicht schlafen

Über die Berge nun fließe

Eine eiskalte Briese

Da sagte die eine:

Mir frieren die Beine

Die andre dann maulte:

Der Apfel schon faulte

Die eine hochschaute

Zum dritten Mal kaute

Die Briese vorbei zog

Ein Blatt sich im Wind bog

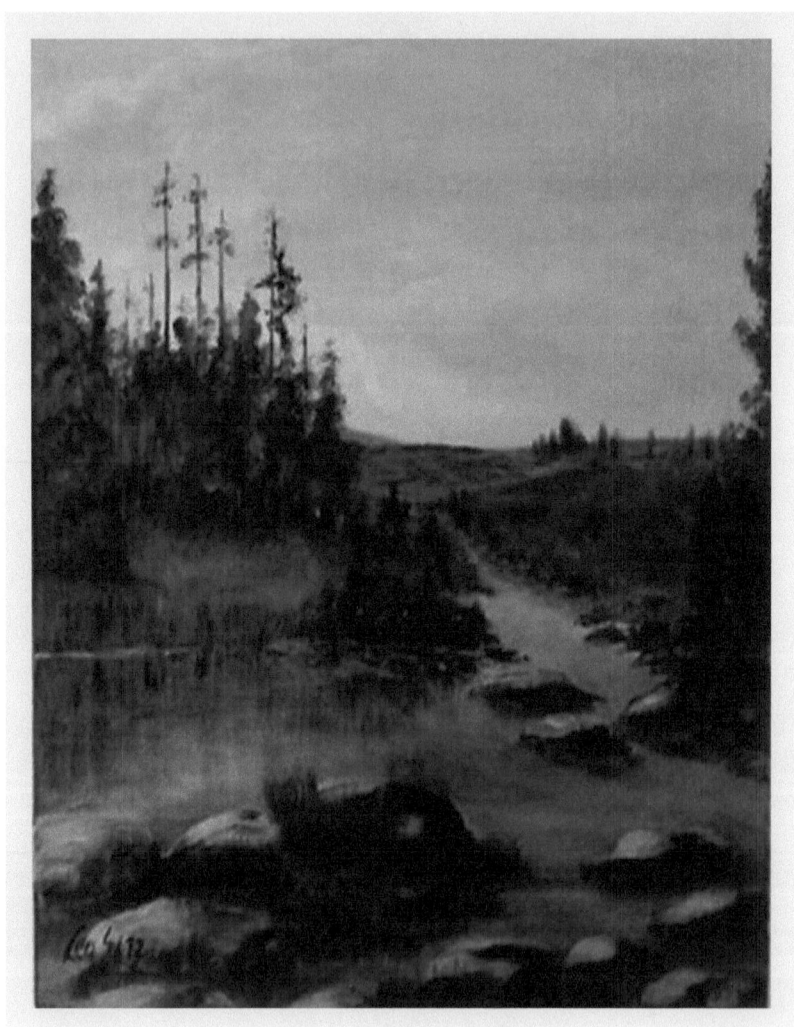

Schifflein

Ein Schifflein faltete ich aus Papier

Und schickte es über das Wasser zu dir

Du hast es gesehen an dir triebs vorbei

Halt inne bleib stehen ich noch nach dir schrei

Da warst schon verschwunden

In den späten Stunden

Allein ließest mich hier

Mit dem nassen Papier

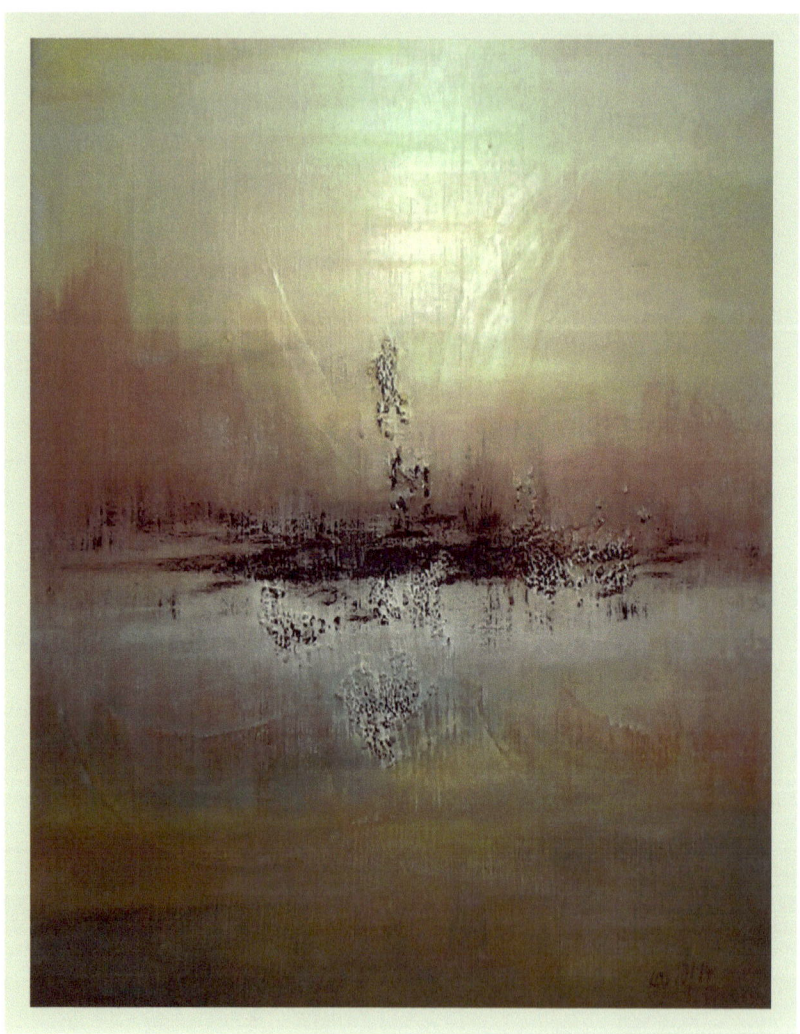

Liebesglück

Du streichst mir über meine Wunden

Tief fühl ich mich dir nun verbunden

Lass dich einsehen mein ganzes Leben

Hast mir schon so viel Glanz gegeben

Vorbei nun Schmerzen und Leiden

Das Glück kam heute zu uns beiden

Wir können uns beide nun erheben

Werden nach noch Größerem streben

Nie wieder sollst du von mir gehen

Nur so kann mir das Glück bestehen

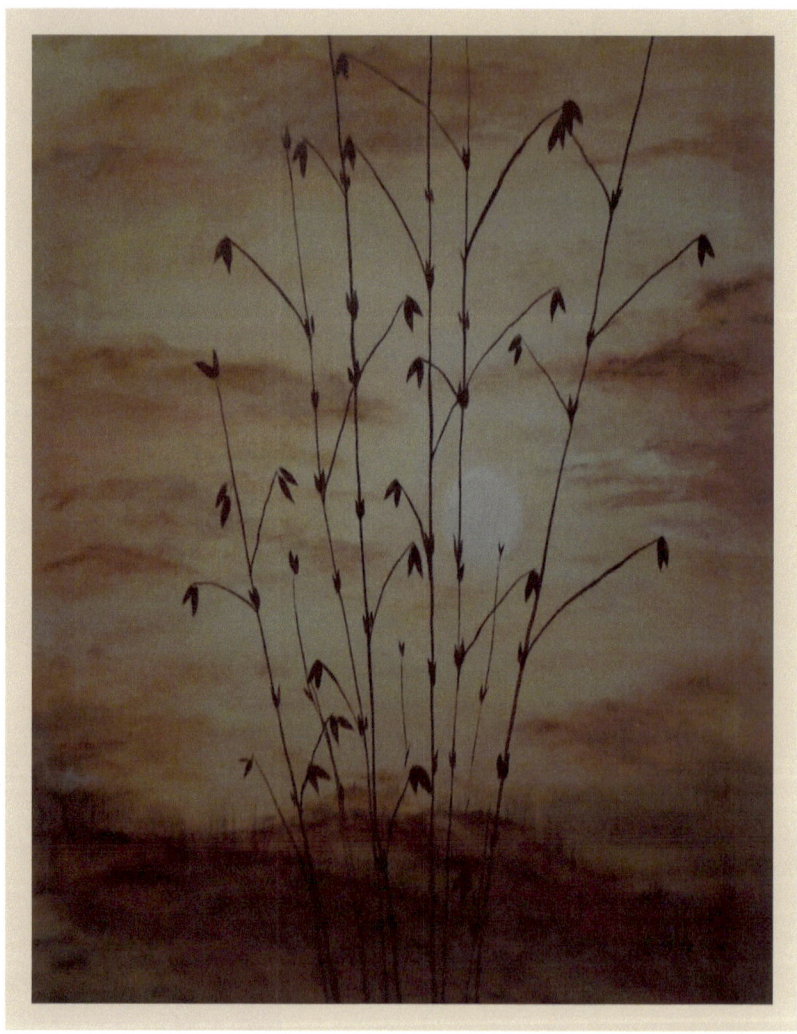

Frühlingsgefühle

Der Frühling lässt nun alles sprießen

Die Blumen auf den saftigen Wiesen

Mein Herz möchte sie pflücken

Du mein Lieb lass dich drücken

Spring mit mir du meine Freude

Keine Stunde mehr vergeude

Ich nehme dich an meine Hand

Lauf mit dir dann durch den warmen Sand

Der Frühling bringt uns so viel Liebe

Mit vielen Farben er es umschriebe

Mit einer ich möchte es sagen ihr

Ein Kuss ich will wagen zu geben nun dir

Verlorene Liebe

Oh Mägdelein zierlich und fein

Kommt doch zu mir herein

Ich warte schon Stunden

Mach hier meine Runden

Ich suchte dich Jahre

Raufte mir schon die Haare

Oh Mägdelein klein

Lass uns gehen in den Hain

Kein anderer soll sehn

Meine Lieb nie soll vergehn

Oh Mägdelein so zart

Mein Leben ohne dich ist so hart

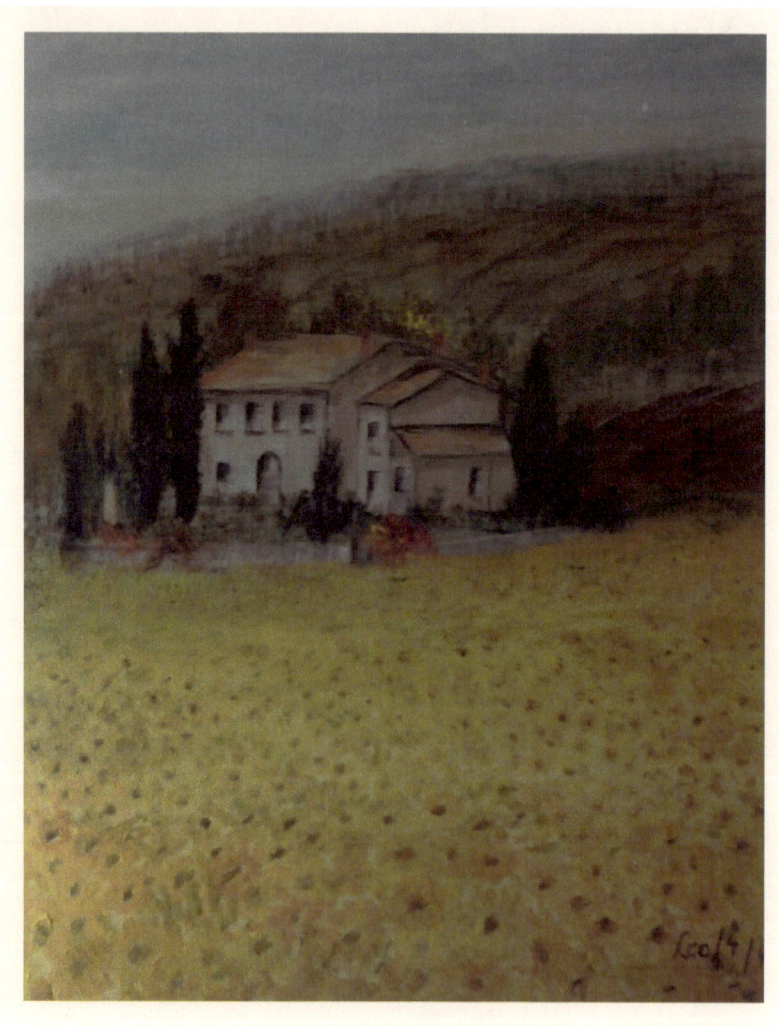

Sonnenblumen

Ein Feld voll Sonnenblumen

Möchte ich dir bringen dar

Die Bienen ihr Lied hier summen

Der Himmel so blau und klar

Ein Jahr musste ich warten

Um zu zeigen es all das dir

Was wächst in meinem Garten

Aus der Liebe zwischen dir und mir

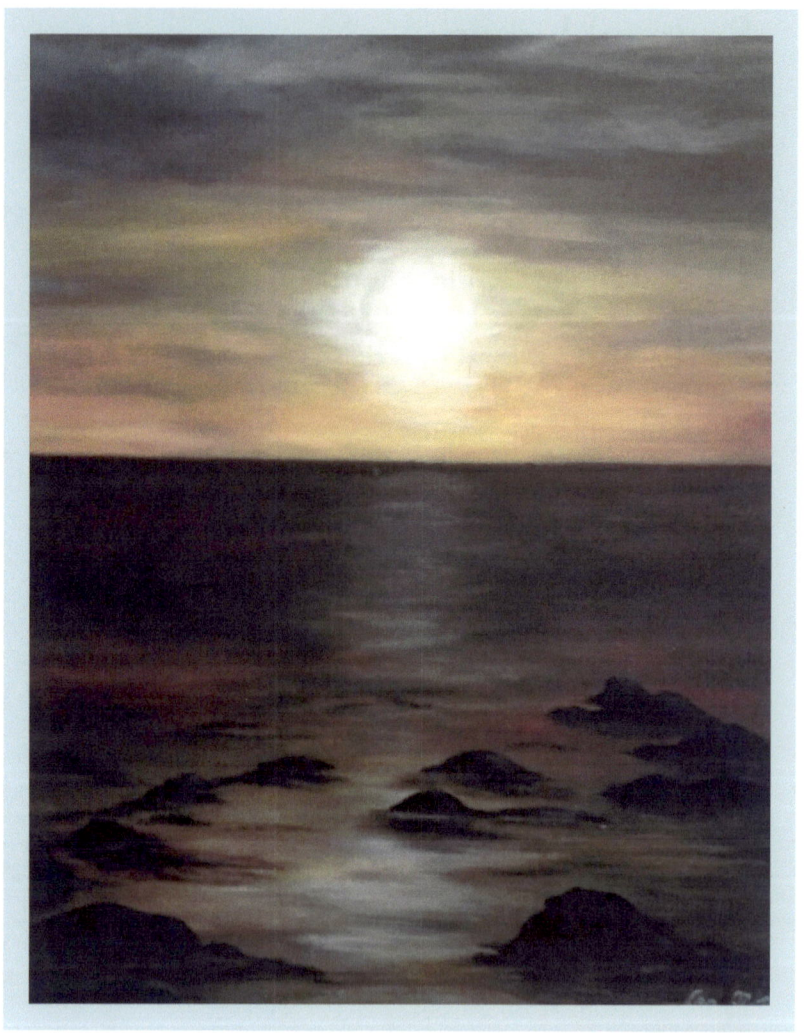

Der Ruf nach dir

Am Meeresufer ich schaute hinaus

Du bist mit dem Schiffe ganz weit draus

Mein Herz vor Sehnsucht sich verzehrt

Mein Körper dich unendlich begehrt

Wann werde ich dich nun wieder sehen

Wann muss ich nicht mehr hier am Ufer stehen

Komm zu mir zurück

in meine Arme ich nimm

Einziehen wird das Glück

Es ist nicht so schlimm

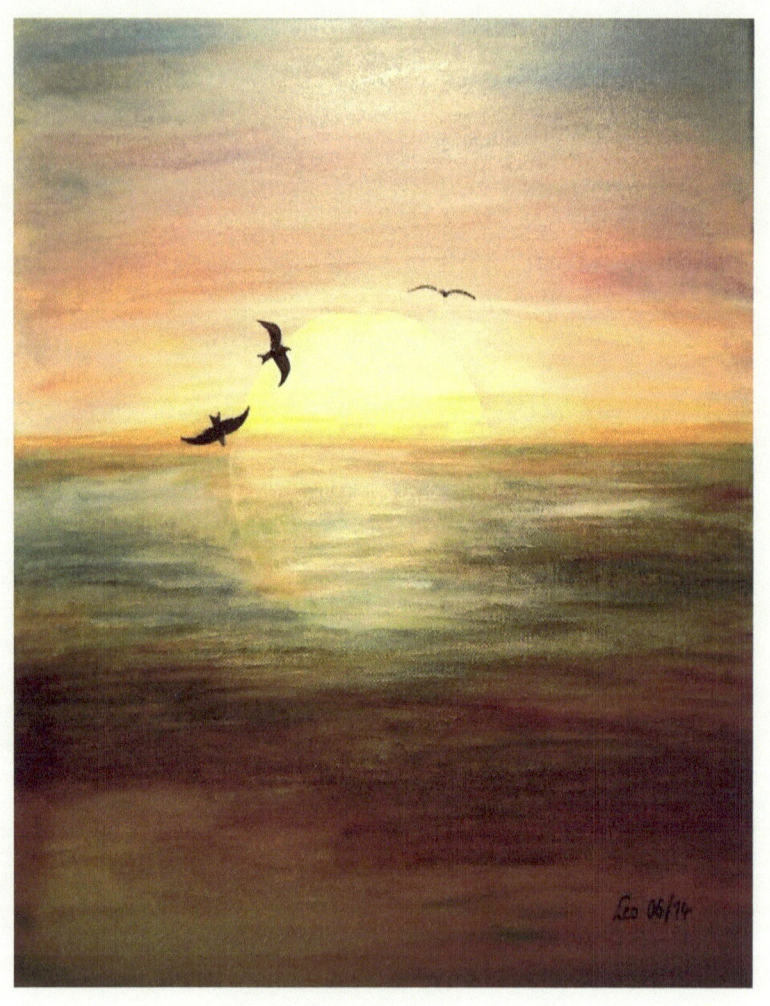

Vogeltanz

Die Vögel weit oben am Himmel sie tanzen

Ich werde hier unten einen Baum für sie pflanzen

Wenn müde sie werden die Flügel ganz lahm

Wenn zur Morgenstunde kräht ein einzelner Hahn

Dann sollen sie finden am Horizont hier unten

Ein Plätzchen so fein mit viel Ruhe verbunden

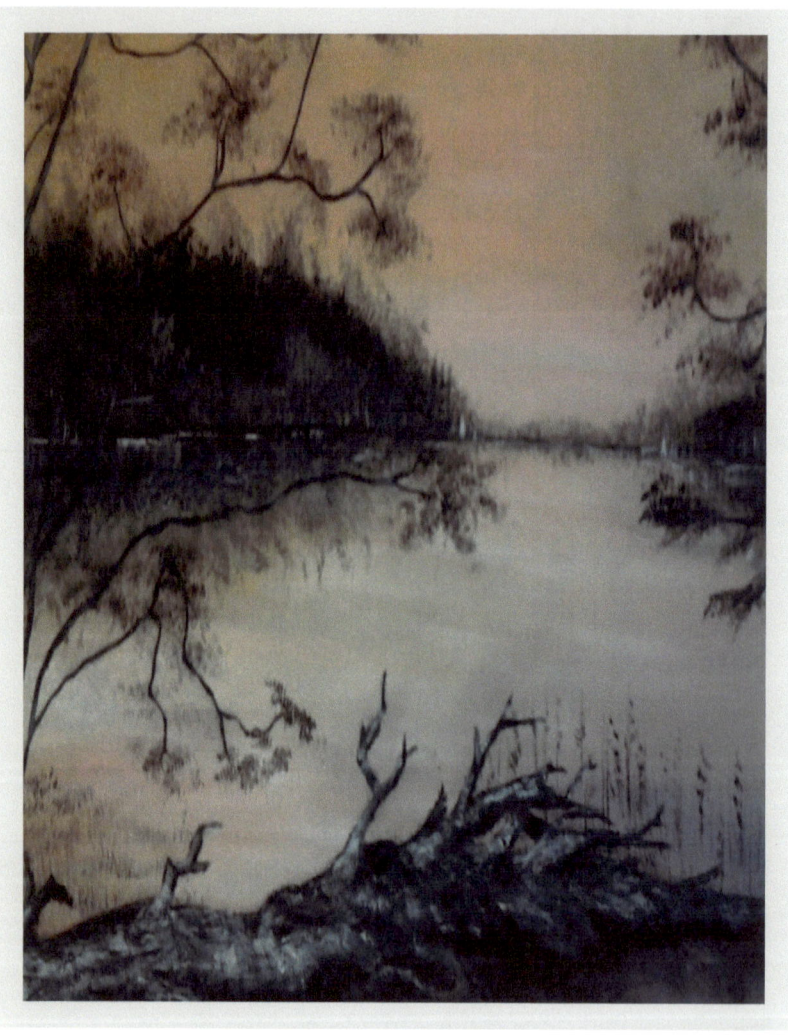

Ich geh mit dir

Ein leises flüstern

Trug der Wind mir heran

Er wollte mir sagen

Dass ich alles machen kann

Mit Liebe beflügelt

Mein Herz sich erfreut

So geh ich den Fluss lang

Mit leichtem Gang heut

Ich bleibe nicht stehen

will alles jetzt sehen

Das Leben soll es mir zeigen

Die Furcht wird nun weichen

Ich nehm dich zur Hand

Für immer verband

Sollst du nun bei mir sein

Für immer und ewig mein

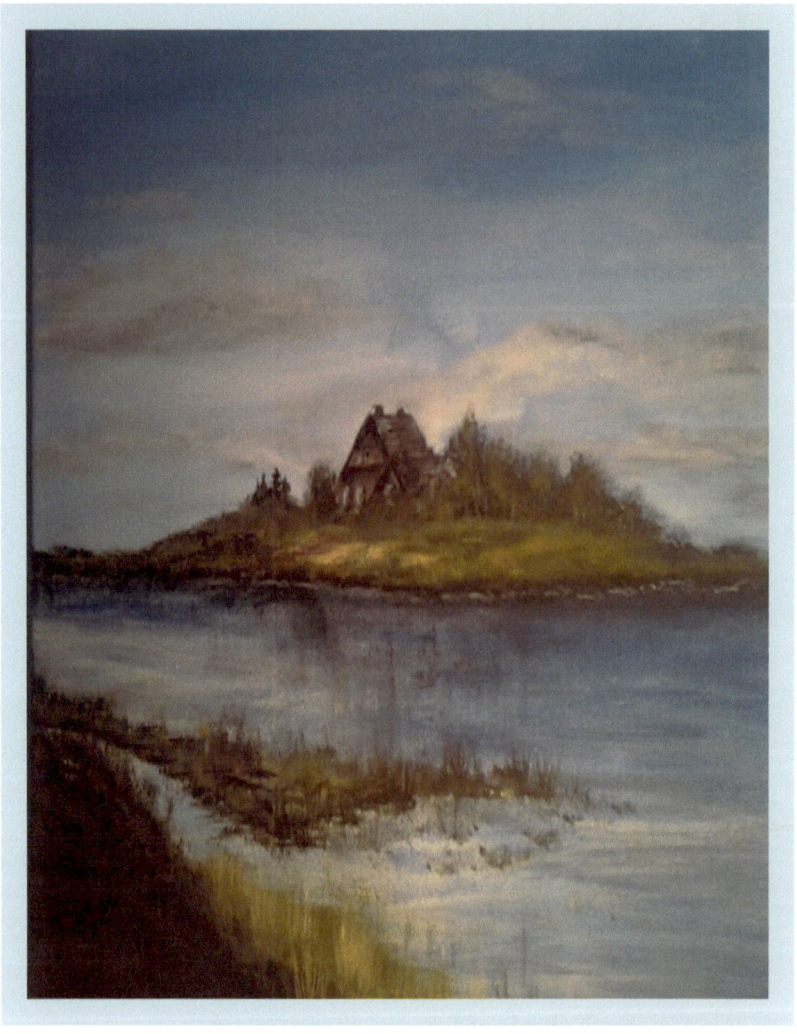

Zusammenfinden

Auf der Insel dort drüben

Da seh ich dich stehn

Doch Leid und Wehmut

Mein Herze anflehn

Wo wir nicht dran dachten

Und auch nicht drauf achten

Das Brücke und Straßen

Wir alle vergaßen

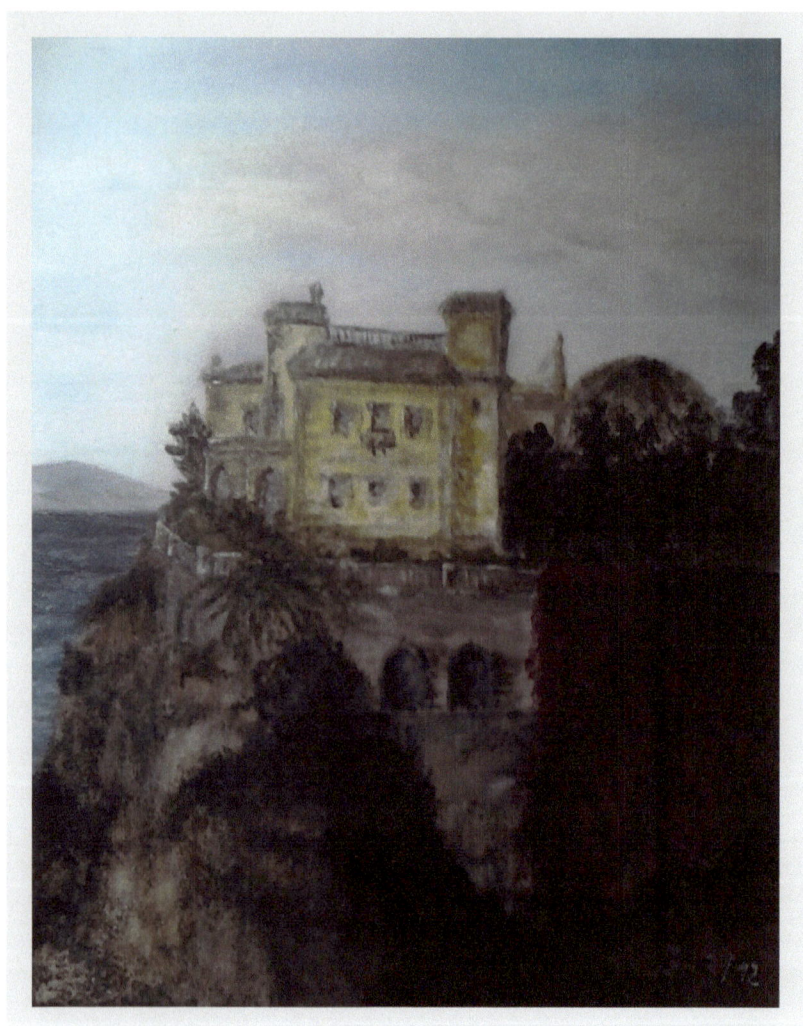

Für immer und Ewig

Zum Schlosse im Himmel

Komm ich auf meinem weißen Schimmel

Ich seh dich am Fenster mir winken

Bald werde ich in deine Arme sinken

Gefragt hab ich den Vater dein

Gibst du mir dein Tochter zur mein

Er gab mir sein Wort

Lies mich nicht mehr fort

Drum bleib ich nun hier

Für immer und ewig bei dir

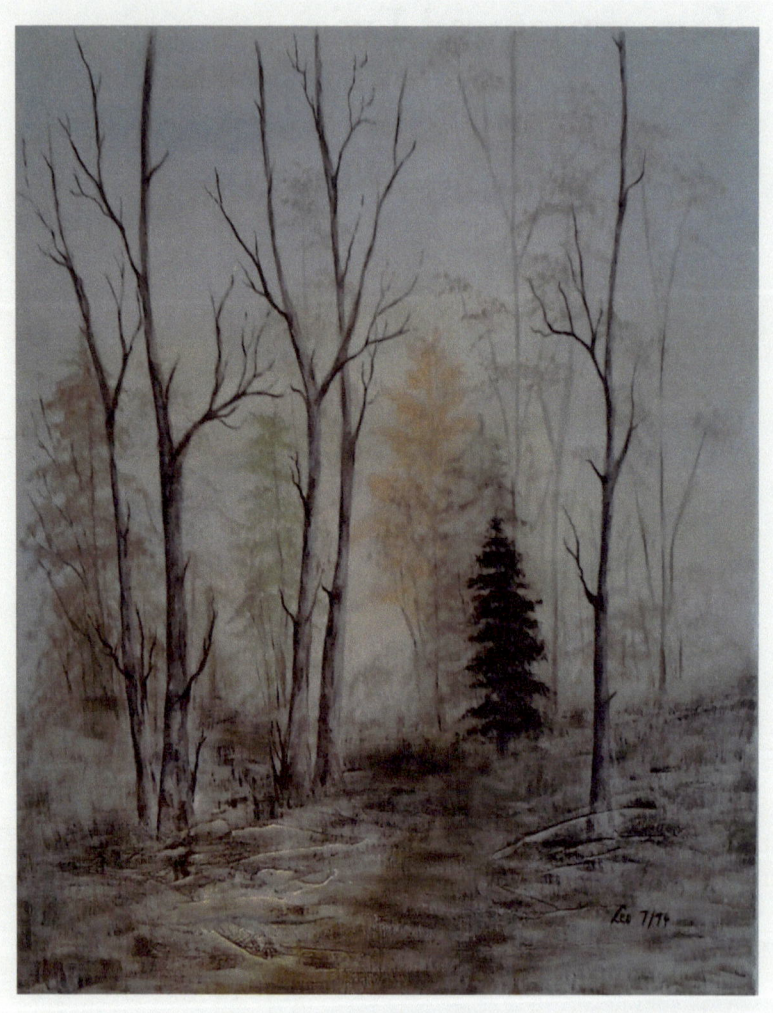

Glühwürmchen

Komm lass uns tanzen und singen

Ich will über Gräser mit dir springen

Breite aus deine Flügel

Wir fliegen über die Hügel

Mein Licht werd ich entzünden

Dass wir uns werden immer finden

So werden wir rufen durch die dunkle Nacht

Ihr alle da unten gebt schön acht

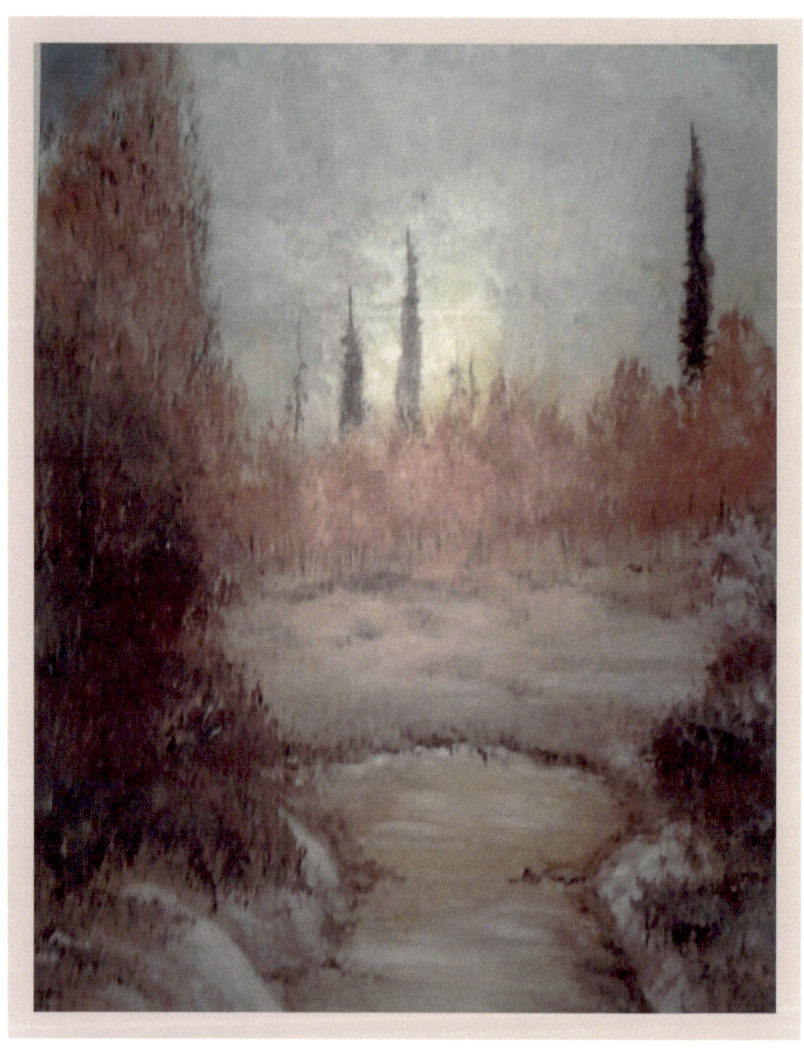

Holde Meid

Von weitem rufe ich zu dir

Oh du mein Lieb komm schnell zu mir

Die Nacht bricht ein

Lass mich nicht allein

Ich fürchte mich sehr

Vor dem tiefschwarzen Meer

In deine Arme ich sinke

Mit Liebe ich mich betrinke

Mein Herz nach dir schreit

Du holde Meid ich bin bereit

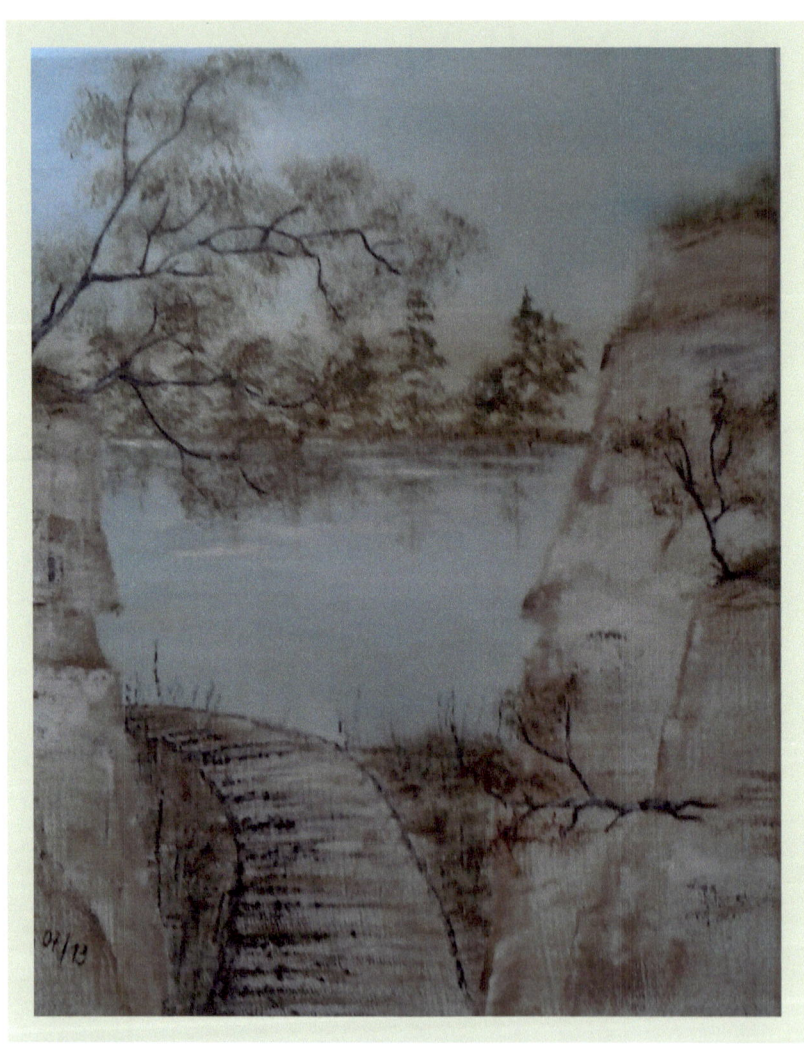

Der Weg zu dir

Ein Weg ich gegangen

Mit Steinen behangen

Ich werde ihn gehen

Ich muss es dann sehen

Wohin er mich führt

Es mein Herz tief berührt

Schön wär's wenn am Ende

Ich dich dabei fände

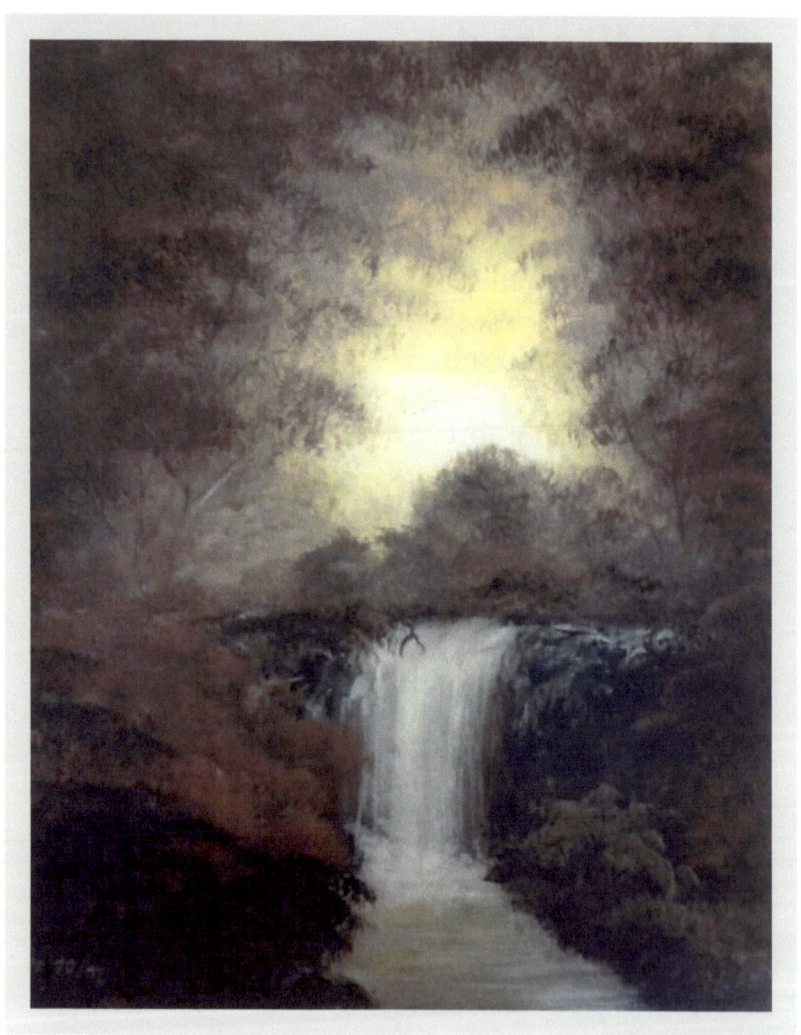

Wasserfall

Ein Wasserfall mich sehr berührt

Mich in die andere Welt verführt

Glück Liebe Wärme mich umgibt

Wenn du für immer mich nun liebst

Mit dir will ich versinken tief

Wo ich mit dir den Wald durchlief

Ein Wasserfall mich so entzückt

Genauso machst du mich verrückt

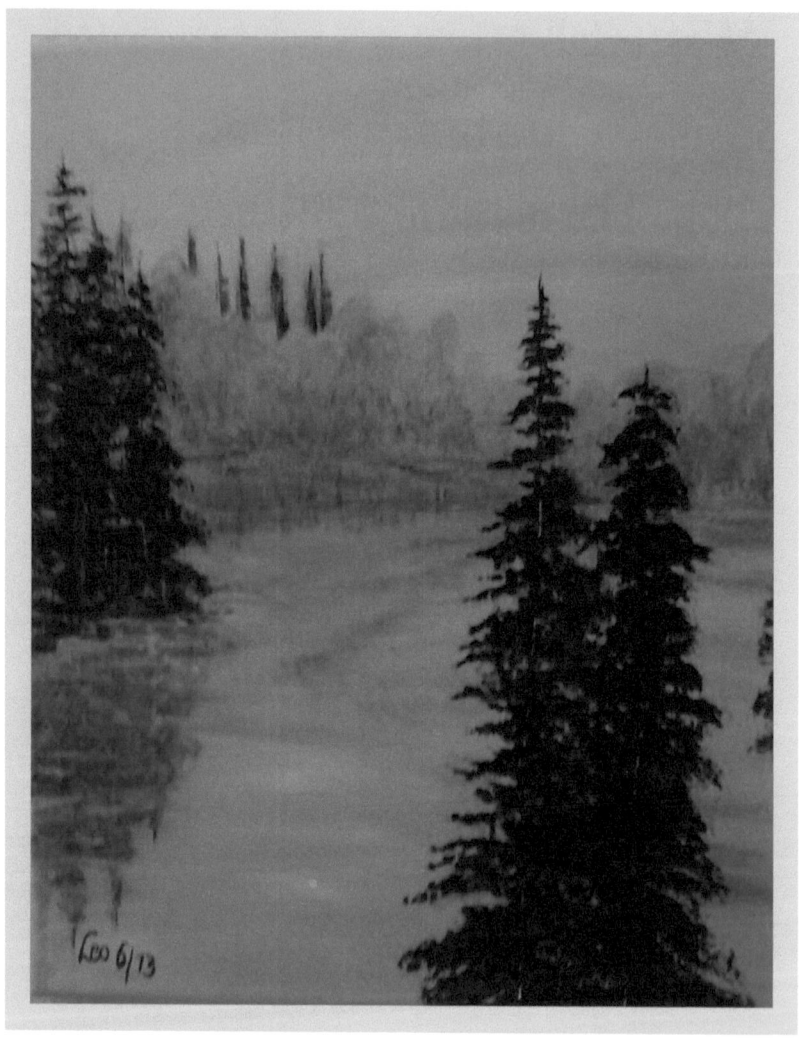

Freundschaft

Meine Seele dich suchte

Ganz leis es versuchte

Immer näher zu sein

Meine liebste Freundin mein

Die Tage nun heller

Mal ich meine Bilder noch schneller

In Worte zu fassen

Kann ich nichts mehr hassen

Brachtest Liebe in mein Leben

Kann Worte dir nur geben

Unsere Seelen sich aneinander banden

In dem Moment als wir uns fanden

Titel der Bilder

Mehr von Monika Leonhardt auf:

www.monika-leonhardt.de

Mehr von Ulrike M. Pfitzner auf:

www.ullis-buchkiste.de

www.ingramcontent.com/pod-product-compliance
Lightning Source LLC
Chambersburg PA
CBHW040809200526
45159CB00022B/129